CRISTIANO RONALDO

万王之王

C 罗 至 尊 本 纪

冯逸明 主编

世界知识出版社

图书在版编目（CIP）数据

万王之王：C 罗至尊本纪 / 冯逸明主编 .—
北京：世界知识出版社，2016.10
（钻石高端臻藏系列 / 冯逸明主编）
ISBN 978-7-5012-5332-6

Ⅰ．①万… Ⅱ．①冯… Ⅲ．①罗纳尔多，C.– 生平事迹 –
画册 Ⅳ．① K835.525.47-64

中国版本图书馆 CIP 数据核字（2016）第 252621 号

责任编辑 余 岚 刘 喆
责任出版 王勇刚
责任校对 张 琨
封面设计 冯逸明

书 名 万王之王：C 罗至尊本纪
Wanwang Zhiwang：Cluo Zhizun Benji

主 编 冯逸明

出版发行 世界知识出版社
地址邮编 北京市东城区干面胡同 51 号（100010）
网 址 www.ishizhi.cn
销售电话 010-65265923 010-57735442
经 销 新华书店
印 刷 北京盛通印刷股份有限公司
开本印张 787×1092 毫米 1/16 7 印张
字 数 340 千字
版次印次 2016 年 12 月第一版
2016 年 12 月第一次印刷
标准书号 ISBN 978-7-5012-5332-6
定 价 59.80 元

目录
CONTENTS

UEFA
EUROPEAN FOOTBALL
CHAMPIONSHIP
EFA EURO 2016
EURO 2016™

王者之路

克里斯蒂亚诺·罗纳尔多

●文：辰之极光

2016 年法兰西大球场，克里斯蒂亚诺·罗纳尔多拖着伤腿，再一次体会了地狱到天堂的轮回。

3 球、3 次助攻，C 罗几乎以一己之力率队闯进决赛，高举德劳内杯的一瞬间，充满着国王加冕的仪式感。克里斯蒂亚诺·罗纳尔多终于成就了一代帝王的丰功伟业，只是笑容中依旧夹杂着没有被岁月洗刷掉的纯真与动人。

恭喜他，克里斯蒂亚诺·罗纳尔多，当年男孩，如今的欧罗巴之王！

里斯本光明球场，19 岁的 C 罗成为欧洲杯决赛历史上最年轻的参赛球员。如今 31 岁的 C 罗已经是三届金球奖和三座欧冠得主，他只缺一个欧洲杯冠军，随着 2016 年葡萄牙夺冠，C 罗一跃成为当今欧洲最伟大球员。

2003 年 8 月 16 日的午后，在新赛季英超首轮的角逐中，面对博尔顿在下半场一球落后时逐渐高涨的攻势，身披 7 号战袍的 C 罗接到了“老爵爷”的指令，挺身而起站在了场边，他瘦弱的身影起初一度让人怀疑，这名少年是否能经受住英超高强度的逼抢？他年轻的面庞更让人觉得，老爵爷的这次换人是否太过冒险？

然而在半个多小时的登场时间结束后，答案揭晓了，质疑消失了，他以近乎完美的首秀表演帮助曼联以 4 比 0 大胜博尔顿。那时候，全场 7 万多名“红魔”的拥趸高唱“只有一个罗纳尔多”；那时候，弗格森以 1740 万欧元的代价，为自己的“红魔王朝”换来了又一位身披 7 号的新王者。

之后的五个赛季，这名少年迅速成长，从替补到主力，从主力到射手，从射手到领袖，再从领袖到巨星，他一步一个脚印地走来，经受了无数的考验和历练，伤病没能延缓他奔跑的脚步，质疑没能阻止他比赛的欲望，失败也没能令他失去战胜对手的信心与勇气。

离别之际，对于“老爵爷”来说，心痛的是失去了这名自己亲手调教出来的弟子，是几经劝说后仍旧无法挽留的遗憾，更是通红的双眸最终还是要目睹他登上飞往马德里航班的过程；对于曼联来说，难过的是，这位新王刚刚登基不久，就撒手而去把江山留给了别人，把未写完的剧本留给了别人……

9600 万欧元的身价创下了当时球员转会的世界纪录，数以万计的球迷和媒体在 2009 年的夏天，在得知了这一条足以震惊世界、响彻古今的消息后，蜂拥来到马德里，走进圣地亚哥·伯纳乌球场，只为亲眼见证这位“金球先生”的尊荣，只为亲闻目睹他在白色殿堂——伯纳乌草皮上的第一次亮相。

弗洛伦蒂诺为了得到他，下了血本，花去了大把支票，为“银河战舰 II 号”选好了这名似乎是很早之前就已经量身打造好的战舰指挥官。

来到这处许多球员终其一生也无法踏足的场地，那名昔日操着家乡口音的少年摇身一变成为时尚界的宠儿，成为集各种流行元素于一身的骄子，成为未来皇马重新扬帆起航的新希望，而他已不再年少，不再默默无闻，更不再进行为了表现自己脚法的花哨而达到内心满足的行为，他只想为了球队再多进一个球，再多赢一场比赛，再多拿一座奖杯，再多满足一次球迷。

于是，他从“王子”劳尔的手中接过了象征王储地位的 7 号战袍，更接过了一份守护这片白色殿堂、这座美丽城市的重任。纵使在后来的日子里，处境艰难、以一当百、头破血流也不能令他忘记当初所立下的誓言。

然后，我们都见证了他与梅西，针锋相对、一时瑜亮的次次对决；然后，我们都看到了他与一项项足坛纪录的比拼、竞争和超越。

曾经我们都以为他夜以继日努力的缘故，是要用俱乐部的奖项和奖杯，去填补国家队苍白无力的荣誉谱，去告慰自己为国征战多年来都无从突破的现实，毕竟记忆里那个在 2004 年夏天失去冠军后痛哭流涕的少年还未走远。

现在，在经历了一个 12 年的轮回之后，我们总算释怀了、了愿了，不再年轻的他，与跟他一起成长的我们，用青春和岁月共同见证了——葡萄牙国家队历史上夺得的第一座重要的锦标。梦寐以求的一座奖杯在这个夏天被他成功揽入了怀中，那一刻他深深地痴迷了、陶醉了，像拿到了心爱玩具的孩子一般爱不释手，沉甸甸的奖杯在他的怀中紧紧抱着，久久不愿放开……

如今那个身披 28 号球衣的青涩少年已成为过去遥远的回忆，穿着 7 号战袍的王者才是他现在的模样，在这段长达十多年的经历与风雨中，他独自一人坚强地走了过来，容颜上那些象征青春记忆的粉刺、身体上那明显瘦弱单薄的外形、脚法上那股年少轻狂的得意早已不在，取而代之的是对进球的渴望，对胜利的渴望，以及对荣誉的渴望，即便浑身伤病也无法阻挡他前进的脚步。

所以，那个年少一球成名的他用 1 个欧洲杯冠军、3 个欧冠冠军、3 个英超冠军、1 个西甲冠军、3 次世界足球先生、欧冠历史最佳射手……完美地诠释着一个发迹在马德拉岛丰沙尔地区乡下的足球梦想，一个职业球员穷尽一生该去追求的目标，一个战死不休、热血桀骜的新王登基历程！

当然，这些并不是全部，因为这个叫克里斯蒂亚诺·罗纳尔多的男人的传奇故事，还未结束，还在继续……

Emirates
7

总罗

2003—2016

CR7

CRISTIANO RONALDO

C 罗职业生涯总出场 685 场 / 进球 494 球

所有数据统计截止到 2016 年 11 月 6 日

俱乐部篇

荣耀

进球

1

西甲联赛冠军

2011/2012 赛季西甲最终战，皇马依靠C 罗一传一射客场 3 比 0 战胜毕尔巴鄂竞技，提前 2 轮夺得西甲联赛冠军。这是 C 罗加盟皇马以来的第一个冠军，也是皇马历史上第 32 座联赛冠军奖杯。

265

西甲总进球数

从 2009 年加盟皇马到 2016 年 11 月 6 日，C 罗在西甲联赛赛场上共出场 244 场，打进 265 进球，已经在西甲联赛中连续 6 个赛季进球数过 30 球大关。比梅西连续 4 个赛季进球达到 30 个以上还要多两次。

adidas

2 西班牙国王杯冠军

自 2009 年加盟皇马以来，C 罗率领球队夺得 2 届国王杯冠军：2010/2011 赛季决赛以 1 比 0 击败巴萨，2013/2014 赛季决赛以 2 比 1 再次击败巴萨。

1 西班牙超级杯冠军

2012 年，西班牙国王杯皇马对阵巴萨，两回合 4 比 4 战平，皇马以客场进球的优势夺得冠军，C 罗首次捧起西班牙超级杯冠军奖杯。

03 超级杯总进球数

C 罗参加了两届西班牙超级杯决赛，分别在 2011 年和 2012 年，对手均是死敌巴萨。在四场比赛中（双回合制），C 罗共打进 3 球。

3 欧冠联赛冠军

C 罗效力曼联时期的 2007/2008 赛季，他于点球 7 比 6 击败切尔西后拿到第一座欧冠冠军奖杯。

转会皇马以后的 2013/2014 赛季，球队 4 比 1 击败同城死敌马德里竞技成功夺冠，这是 C 罗夺得的第二座欧冠冠军奖杯，也是帮助皇马创纪录的第十次夺得欧冠冠军。

2015/2016 赛季欧冠决赛，皇马点球 5 比 3 再次击败死敌马德里竞技，第十一次夺冠，刷新了此前皇马自己保持的（十冠）欧冠纪录。

96 欧冠总进球数

截至 2015/2016 赛季，C 罗总共在欧冠联赛出场 137 场，打进 96 球，成为欧冠射手王。其中代表曼联出场 55 场，进 16 球，代表皇马出场 79 场，进 80 球。

特别链接：三冠封王

2016 年 5 月 28 日，欧冠决赛，皇马和马竞最终进入点球决战，最终 C 罗用一记点球帮助皇马赢得俱乐部历史上第 11 座欧冠冠军奖杯，也赢得了个人欧冠第三冠。

至此皇马在 1956 年、1957 年、1958 年、1959 年、1960 年、1966 年、1998 年、2000 年、2002 年、2014 年、2016 年共夺得过 11 次欧冠冠军，是历史上夺得此项至尊荣誉最多的球队。皇马曾于 1956—1960 年夺得史无前例的五连冠，而“白衣军团”也是欧冠联赛创办以来的第一支冠军球队。

1 欧洲超级杯冠军

2014 年，欧冠联赛冠军皇马对阵欧联杯冠军塞维利亚。C 罗梅开二度帮助皇马以 2 比 0 击败塞维利亚，夺得欧洲超级杯冠军。

皇马在 2016 年再次夺取超级杯冠军，但遗憾的是 C 罗因伤缺阵，并未参加。

2 世俱杯冠军

C 罗分别在 2008 年代表曼联，2014 年代表皇马，两次参加世俱杯，并两夺世俱杯冠军。2008 年 C 罗率领曼联第三次加冕欧冠冠军，也因此第一次参加世界俱乐部杯，在决赛中依靠鲁尼的绝杀，1 比 0 击败了南美解放者杯冠军基多大学体育，而为鲁尼送上美妙一传的正是当年如日中天的 C 罗。

2014 年 12 月 21 日，世俱杯决赛在摩洛哥马拉喀什球场进行，皇马最终以 2 比 0 击败圣洛伦索，夺得世俱杯冠军，这也是皇马首度问鼎世俱杯。

01 世俱杯总进球数

C 罗只在世俱杯中打进 1 球，是 2008 年代表曼联，在半决赛对阵日本的大阪钢巴队时打进的。

3 英超联赛冠军

在曼联效力时期，C罗是“红魔”的绝对王者，率领曼联在2006/2007、2007/2008、2008/2009连续三个赛季蝉联英超冠军，“红魔”的风头一时无两。

84 英超总进球数

2003年至2009年，C罗在英超联赛赛场上共出场了196场，打入了84进球，是梦剧场成长期最快、最有杀伤力的球星。

BARCLAYS
PREMIER LEAGUE
CHAMPIONS
BARCLAYS

BARCLAYS

2 英格兰足总杯冠军

在刚刚加入曼联的时候，C 罗便随俱乐部拿到了 1 座足总杯冠军。2003/2004 赛季足总杯决赛，曼联 3 比 0 击败米尔沃尔成功问鼎，并由 C 罗首开纪录。

冠罗 CR7

英格兰联赛杯 RONALDO 2006/2009

2 英格兰联赛杯冠军

2006 年联赛杯决赛，曼联 4 比 0 轻松击败维冈竞技赢得冠军，C 罗锦上添花打进最后一球，这也是 C 罗在曼联效力第二年获得的第二座奖杯。

2009 年曼联通过点球大战以 4 比 1 战胜托特纳姆热刺，再次捧杯。

冠罗 CR7

英格兰社区盾杯 RONALDO 2007

1 英格兰社区盾杯冠军

2007 年英格兰社区盾决赛，曼联在点球大战中以 3 比 0 战胜切尔西，获得社区盾杯冠军。

C罗历年国家队进球榜

年份	出场	进球
2003	2	0
2004	16	7
2005	11	2
2006	14	6
2007	10	5
2008	8	1
2009	7	1
2010	11	3
2011	8	7
2012	13	5
2013	9	10
2014	9	5
2015	5	3
2016	13	13
总计	136	68

CR7

宽罗

2003—2016

CRISTIANO RONALDO

C 罗代表葡萄牙国家队共出场 136 场 / 进 68 球

所有数据统计截止到 2016 年 11 月 6 日

国家队篇

荣耀
进球

宽罗 CR7

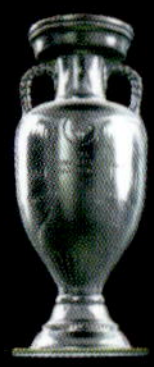

欧洲杯 RONALDO 2016

1 欧洲杯冠军

2016年欧洲杯小组赛，葡萄牙三战皆平，凭借C罗的两粒进球艰难出线。1/8决赛中，葡萄牙经过加时1比0击败克罗地亚晋级八强。1/4决赛中，葡萄牙经过点球大战6比4击败波兰晋级半决赛。半决赛中，又是C罗头槌建功，葡萄牙2比0击败威尔士，晋级决赛。7月11日的决赛，在C罗上场不到25分钟伤退的情况下，葡萄牙凭借埃德尔的绝杀，1比0击败东道主法国，夺得队史上第一个欧洲杯冠军。

29 欧洲杯总进球数

C罗是历史上在欧洲杯赛事中进球最多的球员，是欧洲杯射手王。在历届预选赛中，C罗总共打入了20粒进球。在历届决赛圈中，2004年欧洲杯攻入2球；2008年欧洲杯打入1球；2012年欧洲杯打入3球；2016年欧洲杯打入3球。

欧洲杯历史射手榜

排名	球员	进球
1	米歇尔·普拉蒂尼	9
1	克里斯蒂亚诺·罗纳尔多	9
2	阿兰·希勒	7
3	安东尼·格列兹曼	6
3	韦恩·鲁尼	6
3	兹拉坦·伊布拉西莫维奇	6
3	鲁德·范尼斯特鲁伊	6
3	帕特里克·克鲁伊维特	6
3	蒂埃里·亨利	6
3	努诺·戈麦斯	6

9 欧洲杯历史最佳射手

2016 年法国欧洲杯，C 罗打入 3 粒进球，职业生涯参加 4 届欧洲杯累计攻入 9 粒进球，追平了普拉蒂尼的进球纪录，并列加冕欧洲杯历史最佳射手。

C 罗欧洲杯进球表

年份	日期	赛程	对手	进球
2004	6 月 12 日	小组赛	希腊	1
2004	6 月 30 日	半决赛	荷兰	1
2008	6 月 11 日	小组赛	捷克	1
2012	6 月 17 日	小组赛	荷兰	2
2012	6 月 21 日	1/4 决赛	捷克	1
2016	6 月 22 日	小组赛	匈牙利	2
2016	7 月 7 日	半决赛	威尔士	1

1 2016 年 6 月 23 日，欧洲杯 F 组最后一轮葡萄牙对阵匈牙利，两战皆平的葡萄牙背临悬崖，决不能败。第 50 分钟，1 比 2 落后的葡萄牙发起进攻，马里奥右路传中，C 罗禁区中路脚后跟轻巧一勾，皮球命中球门左下角，将比分扳成 2 比 2 平。C 罗连续四届欧洲杯进球，创造新纪录！

2 2016 年 6 月 23 日，葡萄牙对阵匈牙利。第 62 分钟，2 比 3 落后的葡萄牙再次反击，替补上场的夸雷斯马左路传中，C 罗门前高高跃起，一记狮子甩头，将球如重炮般轰入网中，3 比 3，C 罗此战梅开二度，率领葡萄牙绝境重生，以三战皆平的战绩进入 16 强。

2016 欧洲杯 C 罗三大进球

3 2016 年 7 月 7 日，欧洲杯半决赛葡萄牙对阵威尔士，皇马双雄 C 罗 VS 贝尔巅峰决。第 50 分钟格雷罗角球传中，C 罗小禁区前强力冲顶入网，并以 9 粒入球追平普拉蒂尼欧洲杯进球纪录。最终 C 罗率队以 2 比 0 淘汰贝尔领衔的威尔士，时隔 12 年再度挺进欧洲杯决赛。

旋停轰炸

UEFA
BEST PLAYER IN EUROPE
2015/16

CR7

宽罗

2003—2016

CRISTIANO RONALDO

个人篇章

荣耀

进球

3 金球奖获奖

C 罗分别在 2008 年获得金球奖（即欧洲足球先生），2013 年和 2014 年 2 次获得国际足联金球奖（前世界足球先生）。

2008 年，效力曼联的 C 罗以总得分 446 分，力压梅西的 281 分和托雷斯的 179 分荣膺金球奖，C 罗也成了继贝斯特之后，40 年来第一位获得金球奖的曼联球员。

2013 年 FIFA 金球奖评选中，已经转会皇家马德里的 C 罗最终得到 1365 分，击败了梅西（1205 分）和里贝里（1127 分），个人职业生涯中第二次捧得金球奖。

2014 年，C 罗成功蝉联金球奖。2014 年的 C 罗个人表现堪称疯狂，出场 60 次打进 61 球助攻 22 次，是毫无争议的 2014 年头号射手。

除此之外，在团队荣誉方面，他率领皇马夺得 2014 年西班牙国王杯、欧冠联赛、欧洲超级杯以及世俱杯的冠军。

4 欧洲金靴奖

C罗分别在2007/2008赛季（进31球）、2010/2011赛季（进40球）、2013/2014赛季（进31球）、2014/2015赛季（进48球），4次获得欧洲金靴奖。他超越3度夺魁的梅西，成为历史上获得该奖次数最多的球员。值得一提的是C罗是唯一一位效力不同俱乐部（曼联和皇马）均能拿到金靴奖的球员。

SPORTS MEDIA
SPORTS MEDIA

1 世界足球先生奖

2008 年国际足联颁奖大典上，效力于曼联的葡萄牙球星 C 罗以 935 分击败梅西（678 分）、托雷斯（203 分）、卡卡（183 分）和哈维（155 分），成为当年度世界足球先生。

C 罗因此成为历史上第 10 位在同年包揽金球奖和世界足球先生两大奖项的“超级先生”，他是继菲戈后，第二位得到国际足联世界足球先生荣誉的葡萄牙人，也是英超首位获此殊荣的球员。

世界足球先生评选起始于 1991 年，首位获奖者是马特乌斯，C 罗是最后一位获得该奖项的欧洲球员。2010 年该奖项与金球奖合并为国际足联金球奖。

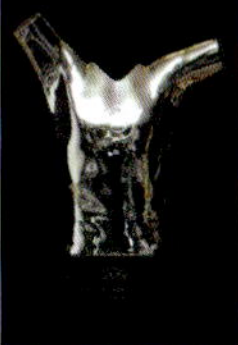

2 欧洲最佳球员奖

2016 年 8 月 26 日，C 罗力压俱乐部队友贝尔和马竞前锋格列兹曼，第二次当选欧洲最佳球员（获奖次数与梅西并列第一）。并且 C 罗以 31 岁零 6 个月的年龄，创造了该奖项最年长获奖纪录，此前的纪录是由里贝里以 30 岁零 4 个月（2013 年）保持的。

2014 年 8 月 28 日，C 罗首次荣膺欧洲最佳球员奖。

CHAMPIONS
adidas

C罗荣誉总榜

奖项	年份
国际足联金球奖	2013、2014
金球奖（欧洲足球先生）	2008
国际足联世界足球先生	2008
欧洲最佳球员	2014、2016
英格兰 PFA 足球先生	2006/2007、2007/2008
英格兰 FWA 足球先生	2006/2007、2007/2008
葡萄牙足球先生	2007—2009、2011—2016
年度世界足球运动员	2008、2013、2014
年度 GSA 最佳球员	2011、2014
布拉沃奖	2004
欧洲金靴奖	2007/2008、2010/2011、2013/2014、2014/2015
IFFHS 世界最佳射手	2013、2014
IFFHS 世界最佳顶级联赛射手	2014、2015
国际足联普斯卡什奖	2009
国际足联世界俱乐部杯银球	2008、2014
年度欧足联俱乐部足球先生	2007/2008
年度欧足联俱乐部最佳前锋	2007/2008
欧冠联赛金靴奖	2007/2008、2012/2013、2013/2014、2014/2015
欧洲杯金靴奖	2012
毕士比爵士年度最佳球员	2003/2004、2006/2007、2007/2008
PFA 年度最佳青年球员	2006/2007
英超金靴奖	2007/2008
西甲联赛最有价值球员	2012/2013
西甲最佳球员	2013/2014
西甲最佳前锋	2013/2014
西甲月度最佳球员	2013、2015
西甲金靴奖	2010/2011、2013/2014、2014/2015
西班牙国王杯最佳射手	2010/2011
BBC 年度最佳海外运动员奖	2014
ESPY 最佳国际运动员奖	2014

C罗国度

Cristiano Ronaldo

征服欧罗巴 / 天生刺客 / 葡萄牙之王

Fly
Emirates
adidas
RMCF

C罗国度①

征服欧罗巴

C罗欧冠篇

从欧冠处子秀遭零封，到2008年、2014年、2016年三度登顶欧冠之巅，C罗已从当初那个青葱少年，成长为征服世界的王者。

130场欧冠，93粒进球，23个城市，16个国家，这位葡萄牙小伙子像拿破仑一样征服了整个欧洲，不同的只是C罗用的是双脚，而拿破仑用的是枪。

英雄出少年

UEFA Champions League

从故乡小岛来到首都里斯本，操着一口马德拉岛口音的 C 罗始终无法融入本地孩子中间，为此自尊心很强的他一度很自卑，不止一次和模仿他讲话的小队友发生冲突，有几次甚至血流成河。那时候的 C 罗就立志要出人头地，要用足球来改变自己的命运。

2000 年，15 岁的 C 罗终于成为同伴中的佼佼者。回忆起这段往事，C 罗自信地说："我小时候一直觉得自己是个特别的球员，即使是开始为里斯本踢球的时候。我当时就感觉我早晚会成为一个顶级球员的。"

两年后，C 罗升入里斯本竞技一队，很快就登上了欧战大舞台。里斯本竞技在欧冠资格赛第三轮主场 0 比 0 战平意甲豪门国际米兰，尽管比分看似平淡，但那场比赛却见证了一位新星破茧而出，年仅 17 岁的 C 罗代表里斯本竞技出场，完成了职业生涯的正赛处子秀。

2003 年夏天，老爵爷弗格森慧眼识珠将 C 罗带到老特拉福德，"红魔" 7 号球衣迎来新的主人。从葡超到英超，毫无疑问是一次巨大的跨越，18 岁的 C 罗当然需要时间来适应更大的舞台。加盟"红魔"后踢了两个赛季的欧冠，C 罗颗粒无收。直到 2005 年欧冠资格赛，曼联 3 比 0 轻取德布勒森，C 罗终于收获了欧战处子球。

又过了两年"红魔" 7 号取得了他的第一个欧冠正赛进球。2007 年 4 月 11 日，曼联与罗马的欧冠 1/4 决赛次回合——那场著名的 7 比 1 大屠杀，C 罗在上半时结束前单刀赴会攻入他效力曼联 3 个赛季的首粒冠军杯正赛进球。下半场，"红魔" 7 号再进一球，未来的欧冠射手王上路了……

与 AC 米兰的半决赛两回合，堪称欧冠近些年来最惊心动魄的对话。首回合在老特拉福德打响，C 罗的头球迫使迪达将球挡入自家大门，卡卡梅开二度帮助球队反超比分。下半场鲁尼反越位破门将比分扳平，终场前鲁尼禁区前劲射梅开二度，打入致胜一球，曼联 3 比 2 收获一场险胜，意大利豪门则带走两个客场进球。

2007 年 5 月 3 日，双方移师圣西罗再战，彼时如日中天的卡卡开场不久便射入个人当赛季冠军杯第 10 球，掀起了反击的序幕，最终，AC 米兰以 3 比 0 完成逆转，第 10 次打进冠军杯决赛并完成对利物浦的复仇。

2007/2008 赛季，C 罗迎来了职业生涯的巅峰。他的 8 个进球在欧冠射手榜上无人能敌，而且进球形式也多种多样，完美诠释了其全面的得分能力。小组赛对阵里斯本竞技，他的俯身冲炸为"红魔"拿下冠军杯第 100 场胜利，重情重义的 C

罗没有庆祝，那是他的老东家；1/8 决赛次回合面对前任国足主帅佩兰率领的里昂，C 罗后脚跟拉球过人打入唯一进球淘汰对手；1/4 决赛再遇罗马，C 罗的冲顶为红魔打开胜利之门；欧冠决赛，C 罗的头球得分不但彻底稳固了自己的射手王地位，更是助曼联的一只脚踏上了冠军的领奖台。然而，命运总是爱捉弄人，错失点球几乎让 C 罗成为罪人。如果不是特里最后脚底打滑，葡萄牙人也许将会遗憾一年。

欢庆的红色人群里没有 C 罗的身影，他一个人倒在中圈里哭了，他品味着痛苦后的甜蜜，人生的酸甜苦辣浓缩在这一场里，随着莫斯科的雨水一股脑倒向了这个 23 岁的年轻人。那一年，C 罗击败托雷斯问鼎英超金靴，同时还拿下了金球奖与世界足球先生奖项。

2008/2009 赛季，C 罗欧冠联赛 12 次出场仅入 4 球。不过也是这个赛季，C 罗轰入了当赛季欧冠最精彩的入球，他在 1/4 决赛随曼联对阵波尔图时打入 1 记 35 米开外的恣意球，“战斧”就此降生，这粒进球被国际足联评为 2009 年最佳进球。半决赛第二回合客场挑战阿森纳，C 罗两球一助攻，曼联 3 比 1 淘汰“枪手”再进决赛。这场欧冠的半决赛 C 罗的表现是统治性的，不仅仅是进球，而是体现在比赛的各个方面。

2009 年 5 月 27 日，曼联在欧冠决赛中 0 比 2 不敌巴萨，依旧无法打破欧冠无卫冕的魔咒。这是 C 罗代表曼联踢的最后一场比赛，半个月后，曼联接受了皇马开出的 9600 万欧元报价，葡萄牙人以有史以来最高球员身价降临伯纳乌，那是他的梦想。

那个赛季，他一生的宿敌——梅西，接过了罗纳尔迪尼奥的 10 号战袍，成为红蓝军团的新核心。2009 年那场欧冠决赛拉开了绝代双骄争锋的序幕。

欧冠十六郎

UEFA Champions League

2009 年夏天，C 罗以世界第一身价驾临伯纳乌，新援见面会上，他当着 6 万皇马球迷立下誓言：“我来到这里，是为了帮助皇马夺得第 10 座欧冠奖杯的 !”

弗洛伦蒂诺大手笔重建的“银河二代”正式起航，2010 年的欧冠决赛举办地正是伯纳乌球场，皇马雄心勃勃喊出了在家门口夺得欧冠的口号。

然而，1/8 决赛次回合皇马 1 比 1 战平里昂，C 罗的进球也未能改写球队的命运，白衣军团不幸地延续了过去 5 个赛季无缘欧冠八强的悲剧，这对志在夺取俱乐部第 10 座大耳朵杯的皇马来说堪称当头一棒。无缘欧冠八强不仅是名声上的损失，更是经济利益上的巨大损失。随着当赛季欧冠电视转播收入增加，最终夺冠球队的总奖金额可能达到创纪录的 6000 万欧元。

C 罗的首次白色欧冠之旅就此画上句号，他在 6 场比赛打入 7 球，其中包括对阵苏黎世的两记“战斧”破门。单场进球率更是他自 2002 年打上欧冠联赛（还在里斯本竞技）以来的 8 年最高峰值，拥有单场进球超过 1 个的惊人成绩，总进球数也只稍逊他拿下金球奖的 2008 年（11 战 8 球）。

为了打破八强魔咒，弗洛伦蒂诺在 2010 年夏天继续挥舞着钞票大肆买人。重金引进狂人穆里尼奥，花费 7300 万欧元买进迪马里亚、赫迪拉、卡瓦略、厄齐尔等强人，再加上 C 罗和伊瓜因这样的强力锋线以及卡西领衔的实力派后防，至少从纸面上看，整个欧洲除了巴萨之外再无球队可与皇马比肩。

巨大的金钱投入让皇马实力显著提升，这一年的欧冠小组赛，“银河战舰”5 胜 1 平进 15 球仅失 2 球，小组头名强势晋级 16 强，接连淘汰里昂和热刺闯入 4 强，且是最近 8 年来的首次。

遗憾的是，皇马半决赛遭遇如日中天的巴萨，主场 0 比 2，客场 1 比 1。谁也没想到这场失利又开启了皇马另一个噩梦，他们在 2011/2012、2012/2013 赛季均壮烈地倒在欧冠决赛大门之外，两次半决赛分别输给了两支德国球队——拜仁和多特。

2011/2012 赛季欧冠半决赛次回合主场对拜仁，C 罗 90 分钟内梅开二度帮助球队扳平总比分。面对残酷的点球大战，即便是自信如狂的穆里尼奥也只能跪在地上祈求上苍眷顾。可是，幸运女神丝毫没有眷顾他们。两年半没有射失过点球的 C 罗第一个出场，他的点球却一头扎进了诺伊尔的怀中，接下来卡卡和拉莫斯相继点球不中，即便是扑出两个点球的卡西利亚斯此刻也无法挽救皇马的命运。

施魏因斯泰格一锤定音之际，C罗的眼中明显已经有些湿润。尽管葡萄牙球星此战独中两元成为继劳尔之后第二个在欧冠单赛季中打中10球的皇马球员，但这样一个夜晚他注定与英雄无缘。

2012/2013赛季欧冠联赛，C罗发挥依旧相当出色，12场12球，力压10球的莱万和8球的梅西成为射手王，场均1球的恐怖进球率更是无人能及。只有在小组赛和半决赛次回合主场面对多特蒙德以及客场交手曼城的3场比赛中没有破门，其他9场比赛全部有进球，包括7场打进一球、1场梅开二度以及1场帽子戏法。

皇马一路走得并不顺畅，尤其是淘汰赛中先后遭遇多场苦战，主客场艰难淘汰曼联靠的是C罗两回合各进一球、淘汰加拉塔萨雷同样靠的是C罗客场的超级发挥、C罗在同多特首回合比赛中打进宝贵的客场进球，为皇马保留一丝翻盘希望。回到伯纳乌，尽管皇马2比0完胜多特蒙德，但仍然以3比4的总比分不敌对手，遗憾地止步半决赛。

“狂人”穆里尼奥在伯纳乌的日子也宣告终止，而皇马在脱掉“欧冠十六郎”的帽子之后又被调侃成“皇四郎”，尽管C罗不断地刷新着自己的欧冠进球数，但也始终无法带领球队更进一步，白衣军团十冠王梦想依旧在路上。

伯纳乌天神

UEFA Champions League

“狂人”走后，54 岁的安切洛蒂成为继任者。意大利教头曾带领 AC 米兰在 2003 年和 2007 年两夺欧冠冠军，作为战术大师和管理大师，外界一致认为他这种类型的教练非常适合当下大牌云集的皇马。很快，他也证明了这一点。

2013/2014 赛季欧冠，皇马在小组赛中仅仅平了一场——客场 2 比 2 尤文图斯，其他 5 场比赛均斩获胜利，10 比 2 加拉塔萨雷、4 比 3 尤文图斯、6 比 0 哥本哈根。进入淘汰赛的 7 场比赛，皇马赢了其中的 6 场，包括主客场以 1 比 0、4 比 0 总比分 5 比 0 横扫拜仁，总比分 9 比 2 狂扫沙尔克 04。唯一输掉的比赛就是客场面对多特蒙德，值得一提的是，这轮淘汰赛的首回合皇马主场 3 球大胜，客场仅仅只是走个形式而已。

C 罗小组赛 5 场比赛疯狂打进 9 球，这让他超越其他四位锋霸刷新了欧冠单赛季小组赛进球纪录——伊布（2013/2014 赛季）、范尼（2004/2005 赛季）、因扎吉与克雷斯波（均为 2002/2003 赛季）都曾在单赛季的欧冠小组赛中攻入 8 球。

进入淘汰赛，C 罗更是所向披靡，两回合面对沙尔克 04 打进 4 球，1/4 决赛面对多特打入 1 球。皇马半决赛遭遇德国“巨无霸”拜仁慕尼黑。首回合主场 1 比 0 的结果对皇马来说并不保险，此前，皇马曾经 10 次来到客场挑战拜仁，但在这 10 场比赛中皇马无一胜绩，球队进 10 球失 24 球状态低迷。

在安联球场，拉莫斯的两粒闪电进球为西甲巨人吃下定心丸，接下来则是 C 罗的表演时间。在第 34 分钟和第 90 分钟梅开二度的葡萄牙人，此役过后以 16 球的成绩创造欧冠单赛季正赛阶段进球新纪录，并帮助球队两回合 5 比 0 击溃上届冠军闯入决赛。

2014 年 5 月 25 日，欧冠历史上最独特的决赛在里斯本光明球场进行，这是欧冠决赛历史上第一次在同城之间上演交锋，回到祖国征战欧冠决赛的 C 罗无疑是最受关注的球员。不过，站在光明球场上的皇马天王却不在自己的最佳状态，尽管伤病未愈，但他还是打着绷带出场了。

比赛的开局出乎所有人的预料，赛前并不被人看好的马竞在第 4 分钟取得梦幻开局。角球二次进攻中戈丁头球顶向球门本无威胁，但卡西出击失误，皮球越过卡西头顶飞向球门。时间一分一秒地流逝，皇马的大举进攻一次次无功而返。直到下半场伤停补时第 3 分钟，奇迹发生了，莫德里奇开出角球，后点拉莫斯插上头球攻门，皮球弹地后擦着左侧立柱入网，1 比 1！皇马起死回生。

加时赛，马竞受困于体能下降，已经难以组织起有效的攻防。贝尔的补射反超比分，马塞洛禁区边缘低射锁定胜局。第120分钟，C罗罚进点球完美定格，4比1，皇马成功逆转捧杯！星光熠熠的“银河战舰”终于完成了十冠梦想，在22个拿到过欧冠的俱乐部中，他们成为欧洲第一支夺得欧冠次数达到两位数的俱乐部。

而他们的头号球星，克里斯蒂亚诺·罗纳尔多，创造了单赛季欧冠17球前无古人的纪录！C罗在两支不同的球队（曼联和皇马），两次欧冠决赛破门后成功夺冠，也成为历史第一人！

纪录收割者

UEFA Champions League

1992/1993赛季，欧洲冠军杯改制为欧洲冠军联赛，20多年来，从未有球队卫冕成功。披上龙凤呈祥神袍的皇马向欧冠卫冕魔咒发起挑战，面对武装到牙齿的巴萨、新宇宙队拜仁以及曼城大巴黎众土豪的围剿，十冠王信心十足。

皇马开局状态奇佳，各项赛事取得创纪录的19连胜。尤其在欧冠赛场，高歌猛进的“银河战舰”以6战全胜、小组第1的傲人战绩挺进16强。

1/8决赛首回合，皇马做客挑战德甲劲旅沙尔克04。上半场卡瓦哈尔助攻C罗头球破门，下半场C罗助攻马塞洛，皇马2比0完胜对手，豪取欧冠10连胜。

在伯纳乌进行的次回合较量，皇马真切地感受到了卫冕的艰辛。迪马特奥的球队险些上演翻盘奇迹，一帮95后大闹伯纳乌，德国足球的精神令人惊叹。C罗两度扳平，皇马3比4不低对手，总比分5比4涉险晋级。

八强赛遭遇同城死敌马竞，首回合在卡尔德隆球场两队都没有破门。僵局直到次回合第88分钟才被打破，C罗切入禁区右侧，在米兰达拉扯下失去重心前传球，“小豌豆”埃尔南德斯完成致命一击，最终10人皇马1比0绝杀对手，以总比分1比0淘汰马竞，连续5个赛季杀入欧冠四强。

半决赛对阵意甲冠军尤文图斯，皇马旧将莫拉塔是两回合的焦点人物。首回合，莫拉塔攻破老东家球门，C罗扳平比分，下半时，特维斯赢得点球并主罚命中，尤文图斯2比1皇马占得先机。回到伯纳乌，上半场J罗制造点球，C罗罚入点球，欧冠77球追平梅西的纪录，皇马1比0领先。下半场莫拉塔打进扳平进球，两队1比1战平，尤文总比分3比2淘汰皇马晋级欧冠决赛。

白衣军团终究没能打破欧冠卫冕的魔咒……那个赛季，皇马在西甲、欧冠、国王杯和西班牙超级杯赛场四大皆空，安切洛蒂的伯纳乌生涯也走到了终点，取而代之的是西班牙人贝尼特斯。

再回到欧洲赛场，白衣军团小组赛延续着强势表现，连续 19 年小组赛出线。C 罗在 8 比 0 狂扫马尔默的比赛中上演大四喜并助攻，11 球领跑本赛季欧冠射手榜，创造单赛季欧冠小组赛进球纪录，将欧冠进球纪录改写为 88 球。

2016 年 2 月中旬 16 强赛开打时，站在场边指挥比赛的已经变成了齐达内，贝尼特斯早在年初就离开了伯纳乌，上任仅仅 7 个月，成了皇马俱乐部历史最短命的教练。皇马以总比分 4 比 0 干净利落的淘汰罗马，连续 6 个赛季打进 8 强。C 罗两回合均是首开纪录，还奉献了 1 次助攻，欧冠 27 次助攻也是现役球员之最。

1/4 决赛首回合，面对首次打进欧冠八强的“菜鸟”狼堡，皇马出人意料地客场 0 比 2 负于沃尔夫斯堡，遭遇赛季欧冠首败，在首回合客场告负的情况下，皇马已经有足足 29 年没能逆转晋级了。

正当分析家们悲观地计算着皇马的晋级概率时，正当球迷们不解球队为何能够逆转巴萨却完败狼堡时，C 罗打消了所有人的质疑，他以一己之力将命悬一线的“银河战舰”有惊无险地带进了欧冠四强。86 秒钟内头顶脚踢梅开二度，C 罗的闪击战让紧张的皇马球迷早早地吃下了定心丸，更在第 76 分钟时任意球直捣黄龙，C 罗注定要在伯纳乌的这个夜晚封神！这是史诗般的三球逆转，这是足以载入史册的帽子戏法。

与曼城的两回合半决赛，C 罗受到大腿肌肉拉伤的困扰不在最佳状态。作客伊蒂哈德，他没有出场，客场 0 比 0 战平；回到伯纳乌，他带伤出战，皇马凭借一粒乌龙球淘汰对手，时隔一年再进欧冠决赛。

截至 2015/2016 赛季欧冠联赛结束，C 罗已经是欧冠历史上进球最多的射手，各项赛事累计打进 93 球，领先第二名梅西 10 球之多。2015/2016 赛季，C 罗 12 场欧冠打进 16 球，距离自己创造的单赛季欧冠进球纪录只差一球……

C 罗欧冠进球数（截至 2015/2016 赛季结束）

赛季	球队	出场数	进球数
2015/2016	皇马	12	16
2014/2015	皇马	12	10
2013/2014	皇马	11	17
2012/2013	皇马	12	12
2011/2012	皇马	10	10
2010/2011	皇马	12	6
2009/2010	皇马	6	7
2008/2009	曼联	12	4
2007/2008	曼联	11	8
2006/2007	曼联	11	3
2005/2006	曼联	8	0
2004/2005	曼联	8	0
2003/2004	曼联	5	0

C罗国度②

天生刺客

C罗俱乐部篇

从单车少年到世界巨星，从跟班到领袖，从助攻者到终结者，一路走来，C罗经历了无数次淬火般地磨炼，终于走进了欧洲足坛的最高圣殿。他已经完成了无数次华丽转变，之于未来，他注定会成为这个拥有百年悠久历史的欧洲大陆上最伟大的球员。

青葱岁月

天才少年初长成

C 罗出生于马德拉岛，这是一个隶属葡萄牙的大西洋美丽海岛。和与他名字差不多的两位巴西球星罗纳尔多和罗纳尔迪尼奥一样，C 罗的家境并不富裕，他的父亲迪尼斯·阿贝罗是个花匠，家里还有两个姐姐和一个哥哥。他的父亲因为崇拜美国前总统罗纳德·里根（Ronald Reagan）而给他的儿子起名罗纳尔多，不过他对政治并不感兴趣，崇拜里根的原因是当年看过一些里根出演的电影。

8 岁的 C 罗凭借自己出众的天赋和表现很快引起了当地国民俱乐部的注意，尽管身体还稍显单薄，但是出众的足球技艺让他成为队内小有名气的年轻球星。当时的球队教练门东卡回忆说：“罗纳尔多是我见过的最出色的年轻球员，我甚至无法相信他的球技，那时候我们经常能赢对手 9 个或 10 个球，而罗纳尔多经常能包办一半的入球。”1998 年，葡萄牙劲旅里斯本竞技也为罗纳尔多的天赋所折服，他们以 1500 英镑的低价引进了年仅 13 岁的罗纳尔多。大概里斯本竞技也没有想到，5 年后，C 罗的身价上涨了将近 1000 倍。

在里斯本的那段日子里，C 罗的马德拉乡下口音成为首都同伴们的笑柄，为此自尊心很强的他一度自卑，不止一次和模仿他讲话的小队友发生冲突。C 罗说：“我的口音很重，因为我来自一个小岛，和其他孩子不同。回想起来，那也有好处，这让我学会了如何自己养活自己，我很小就学会了独立。”C 罗自知自己的基础并没有别人好，特别是身体方面不够强壮，体力不够充沛，但是和大家所熟悉的情况一样，他永远不服输，因为这里有他热爱的足球和他追逐的梦想。于是他暗自决定每天早上都要早起，去沙滩上跑步，带上他的初恋——足球。有时候不用训练，也不用上课，他就会跑上一个上午。一天过去了，两天过去了，渐渐地，附近的人们都知道海边有个孩子，只要不是特别恶劣的天气，都会带上自己的足球去跑步。但是没有人曾经停下来问过他是谁，他们只知道，有一天那孩子不跑了，听说去了别的城市。直至他站在世界之巅，举起所有足球运动员梦寐以求的梦想。

在培养过菲戈等足球天才的“足球梦工厂”——里斯本竞技的阿克契特（Alcochete）训练营，C 罗接受了 5 年严格、科学的训练，不懈的努力使 C 罗开始逐渐成为同伴中的佼佼者。把 C 罗从马德拉岛带到里斯本的奥雷里奥·佩雷拉（Aurelio Pereira）是葡萄牙德高望重的老教练，他说：“从他 11 岁时我就认为这是一名可能在未来成为巨星的球员，罗纳尔多从

小就展示了所有成为巨星的潜质。他今天取得的成就并不让我惊讶。我并不认为自己拥有发现和造就天才的魔力，但经验告诉我他将成为巨星。”

C罗的父亲对足球的热爱深深影响了他，当年在自家后院一脚踢中的那个足球是C罗形影不离的朋友。“说真的，我不知道我为什么这么爱它，但我就是这样。”C罗这样说。可是并不富裕的丰沙尔并没有多少适合踢球的场地。“在圣诞节，在我的生日，我最想得到的礼物都是足球。在那些日子，虽然我们家没有钱，但如果我能得到一个球，我就很高兴。我总想得到手工缝制的足球，因为它们能踢很久。我有自己的球场，是水泥地的，那就是大街。我总是在踢球，有时候还逃学去踢球。”他开始变着花样地过人，而且学会了永不服输，“街上踢球的孩子都比我大，我只能晃过他们才能继续前进，当然他们经常把我推倒或是铲翻，这是一种精神上的挑衅，你不能服软，必须站起来，然后用足球击败他们。”十多年过去了，如今，在世界上任何一块球场，C罗依然做着同样的事情，一次次被对手铲倒，一次次爬起来继续突破。

C罗15岁时曾因心脏问题险些提前告别自己的球员生涯。在C罗母亲和里斯本竞技俱乐部工作人员的支持和帮助下，C罗的手术很成功，几天后他就重新出现在训练场上。16岁时，C罗被当时的利物浦主帅霍利尔看中，不过利物浦俱乐部最终没有买下他，当时他们认为C罗的技术还需磨炼。

C罗是里斯本竞技队史上第一个在同一赛季同时进入俱乐部U16（16岁以下球队）、U17、U18、二线队和一线队的球员，成为俱乐部历史上唯一一个在一个赛季中参加5个不同级别赛事的球员。2002年9月，他在自己的葡超联赛处子秀中攻入两球，而一个赛季25场进3球的成绩对一个17岁的孩子来说已经足够优秀了。

曼联风云

天才少年初长成

年轻的 C 罗很快吸引了来自欧洲的目光。曾短暂执教西甲豪门皇家马德里的葡萄牙籍曼联助教奎罗斯后来回忆道："我当时一直在观察克里斯蒂亚诺。每次我们讨论是签下他还是夸雷斯马时我都会强调自己的看法。我们没有能力签下两个人，我相信克里斯蒂亚诺。2003 年夏天我离开曼联去皇马执教时就把他列为首要目标，在我提交给皇马体育总监巴尔达诺的转会名单中，他是第一位。"

2003 年 8 月 6 日，为纪念为 2004 年欧洲足球锦标赛而重建的新球场正式启用，里斯本竞技队在名为"阿尔瓦拉德－21"的新球场与曼联队举行了一场友谊赛。C 罗的出色表现帮助里斯本竞技以 3 比 1 战胜曼联。他给当时场上的曼联球员留下了深刻印象，他们力荐弗格森签下这名天才球员。"克里斯蒂亚诺表现非常出色，所有的疑虑都打消了。"奎罗斯说，"和里斯本的比赛后亚历克斯（弗格森）必须快速做出决定。否则巴尔达诺和我就会得到他的。"

2003 年 8 月 8 日，曼联宣布以 1224 万英镑的转会费与克里斯蒂亚诺·罗纳尔多签署 5 年的合同。C 罗成为曼联史上第一位葡萄牙籍球员。他的转会费也打破了一年前另外一个葡萄牙人维亚纳所保持的 850 万英镑的英超年轻球员转会纪录。"克

里斯蒂亚诺？他太棒了，我想对于英超后卫来说，他的技术太豪华了。”菲戈的评论平息了人们对于C罗1224万英镑身价的怀疑。葡萄牙传奇巨星尤西比奥对他也赞不绝口：“作为球员，他可以随心所欲，有时他控制球的技术会让我拍拍脑袋，可还是不明白他是如何做到的。”尤西比奥甚至为C罗描绘出了辉煌的未来：“他不仅仅是个足球运动员，更是一个奉献者。无论效力于哪国联赛，无论效力于哪支球队，他都将作出最重要的贡献。”

传奇巨星乔治·贝斯特曾是曼联7号传奇，在弗格森掌权的17年里更是把这身球衣作为俱乐部头号球星的象征——布赖恩·罗布森、坎通纳、贝克汉姆。现在，C罗能否继续这个传奇让人期待。C罗说：“我加盟后，教练问我想要哪个号码，我说28号，但弗格森说，‘不。你将得到7号’。这件著名的球衣给了我额外的动力，我不得不努力去配得上这个号码。”

在2003年8月16日与博尔顿队的比赛之前，关于克里斯蒂亚诺·罗纳尔多的评论大多数是葡萄牙文的，而在那29分钟的比赛之后，英文评论成了主宰。一向苛刻的弗格森也没有掩饰自己对于葡萄牙人的赞许：“他好像是球迷心中的一位新的英雄人物，我必须精心地调教他，因为你知道，他现在只有18岁，我必须小心地照看和保护他。”2003/2004赛季C罗在各项比赛中出场39次，并在对米尔沃尔的足总杯决赛中首开纪录，为曼联捧杯立下头功。赛季末，C罗被曼联球迷票选为俱乐部“巴斯比爵士最佳球员奖”。

虽然起步时遭遇了不少的阻力——对于他的花哨球风，坊间的评价从来毁誉参半。可是C罗却在弗格森的精心调教之下逐渐成长起来，2004年他帮助曼联夺得足总杯，2005/2006赛季捧回了联赛杯。2006年，他入选英超最佳阵容，荣获国际职业球员协会最佳新人，当选葡萄牙年度体育名人，曼联的新7号正在路上。

“球场是他的脚能说了算的地方。足球能使他离开纷扰和敌意的环境，并且忘记曼彻斯特寒冷的天气和英国糟糕的食物。”

C罗的真正爆发却是在德国世界杯之后。因为2006年世界杯上鲁尼的红牌事件，他曾想过离开梦剧场远走西班牙，但经过“红魔”主帅弗爵爷的努力，他选择了留在曼联。后来的事实证明，他的留下是多么正确。

2006/2007赛季，这位葡萄牙“第一红魔”完成了惊天蜕变，带领曼联夺得了远离四载的英超冠军。他在各项赛事打进23粒入球，其中英超联赛17球，在射手榜仅次于切尔西的前锋德罗巴和布莱克本的前锋麦卡锡，是进球最多的中场球员。那一赛季，他个人一共获得了13项殊荣，包括被英超球员、职业记者协会、球迷分别评选为年度最佳球员，英超球员评选的最佳新人更是创纪录地获得大满贯。那个赛季，堪称克里斯蒂亚诺的完美赛季，而这一切发生的背景是无法被忽略的——就在不到 12 个月前，因为世界杯风波，C 罗还是全英公敌，在英格兰除曼联主场之外的所有地方，迎接他的都是数万人整齐的嘘声。C 罗说：“世界杯上和鲁尼的事件后，每次去客场踢球都会被嘘。有一些特别艰难的时刻，我认为这不公平。但你必须忽视它，否则就不能集中精力比赛了。起初的几周，每场比赛前我都会对自己重复：‘别在乎那些，按你自己的方式踢球吧！’嘘声会改变你的比赛，很多球员会因此迷失，但正好相反，我认为这些嘘声对我有好处，它们能促使我更加冷静，我把它们视为一种敬礼，至少这对我是非常重要的。”不仅有出色的球技，他还有一颗勇敢的心。“这是伟大球员的标志。”弗格森这样评价。2006/2007 赛季结束后，曼联宣布和 C 罗续约至 2012 年，周薪达 12 万英镑。

一个赛季的质变已经带来惊喜，卫冕的 2007/2008 赛季里人们原本只期望 C 罗可以延续上一季的表现，然而他却迎来一个如火山般的爆发。在 2008 年 3 月 19 日与博尔顿的英超第 29 轮补赛中，首次戴上曼联队长袖标的 C 罗上演了梅开二度的好戏，打破了封存 40 年之久的，由贝斯特在 1967/1968 赛季创下的 32 粒进球的边锋单赛季进球纪录。

对于克里斯蒂亚诺·罗纳尔多，贝斯特这样说：“有不少球员都被称为‘新贝斯特’，但这是第一次令我觉得这种称呼是对我的恭维。”老爵爷弗格森再也不会和 C 罗赌单赛季进球数了。从某一方面来说，他已经超越了曼联球迷心目中的神——贝斯特，没有什么能够阻挡住这个天才。单赛季 42 个进球是顶级中锋的数据，作为一个边锋，C 罗已经做到了。更重要的是，他的进球手段多种多样，从连续突破射门，到远距离凌空劲射。单刀、抢点、定点的点球或任意球无所不有——不能不提 C 罗的任意球，他到底是怎么做到的？皮球绕过人墙之后急速下坠，再加上一点水平方向的旋转，对方门将没有任何办法——这样高难度的任意球他已经可以驾轻就熟。对于 C 罗的任意球技术，弗格森笑着解释道：“没有什么秘密，练习是最重要的。熟能生巧，就像我在学校里学到的道理一样。这孩子每天都勤奋地练习，那就是他如此出色的原因。在这个时候，我们会去喝杯茶，让他自己练。他总是在训练后还会踢个 20 或者 25 分钟，站在一堆皮球之后，前面是人墙，砰、砰、砰、砰，每次都踢 30 个左右，因此他对踢任意球的感觉越来越好。”

他能用速度过人，用假动作过人，能头球破门，能射点球任意球，能抢点能补射又能远射，能脚后跟破门也能脚后跟助攻，能上演帽子戏法，也能助攻帽子戏法。在全面性上，英格兰名帅维纳布尔斯给 C 罗的评价是：“他有速度、力量、体能、技术、意识、勇气，他不仅身体强壮，而且精神坚强。”曼联的英超对头阿森纳的主教练温格太清楚 C 罗的能力，他抛弃了“世界最佳之一”的陈词滥调，直接把第一的王冠摁在了 C 罗头上，他这样说：“克里斯蒂亚诺就是目前世界上最好的足球选手，因为他将职业足球事业里最难的两件事完美地融合起来——风格和效率。我很欣赏他进球的效率，他打的位置是边路，但他却能进这么多的球，

这点你无法否认。”

C 罗说：“人们经常说我需要在重大比赛中发挥更好一些，我尊重这样的意见，但我自己不这样认为，我没有对什么人来证明自己的必要。我很满意我现在的进步，很高兴我自己还在提高。和一年前相比，我更加出色了，比我刚来曼联时绝对高太多了。我希望这样的势头继续保持。”张狂吗？当然，如同他在进球后一些够拽的庆祝动作一样。但这样的射手，说一些牛气的话，没有什么值得奇怪的。亨利这样评价 C 罗，他说：“今年是克里斯蒂亚诺・罗纳尔多年。他将会成为世界足球先生，没人可以和他比，他现在踢球的方式，简直就是对竞争对手的嘲讽。我打心眼儿里敬重他，尤其是看到他从世界杯回来后采取的方式，全英格兰人都打算杀了他，就巴望着他失败，但他并没有。”

皇马时代

伯纳乌的最强王者

迪·斯蒂法诺、普斯卡什、罗纳尔多、菲戈、齐达内和劳尔，多么华丽的名单，多么唯美的回忆，当你闲庭信步地游走在伯纳乌球场的走廊中，抬头仰望漫天繁星点缀的夜空，每一颗璀璨的星辰都代表了一份回忆，浓缩了一个伟大空前的时代。如果那一连串的群星名册，代表了伯纳乌球场过去的繁华，那如今的伯纳乌天空下只有一颗 King Star，那就是如今皇家马德里俱乐部当之无愧的核心——克里斯蒂亚诺·罗纳尔多。

2009 年 6 月，C 罗离开了自己效力 6 年之久的曼联俱乐部，以创纪录的 8000 万英镑转会费，从老特拉福德辗转伯纳乌球场。之前的两年梦剧场岁月，C 罗赢得了几乎所有属于个人与俱乐部的荣誉，他帮助曼联赢得了联赛三连冠，夺取了欧洲冠军杯，加冕了世界足球先生和金球奖，达到个人生涯的巅峰。但他一直有一个梦想，他希望到世界上最伟大的俱乐部踢球，在全世界最著名的球场上挥洒才华，皇马是 C 罗儿时的梦，他在里斯本竞技开启职业生涯，在曼彻斯特达到荣誉巅峰，但他更希望在自己梦想的田园中实现梦想的升华。弗拉伦蒂诺给了 C 罗这个机会，他的金钱策略再次奏效。

登陆西甲，加盟皇马，C 罗开启了自己征服伯纳乌球场的历程。在个人西甲的处子赛季，C 罗没有穿上自己心仪的 7 号战袍，因为彼时的伯纳乌球场还属于劳尔，“指环王”的优雅和从容依然深深地打动着皇马球迷的心。C 罗身披 9 号战袍开始了自己的皇马生涯，他在第一个赛季代表皇马在联赛出战 29 场，打进了 26 粒进球，送出 7 次助攻，在这支豪华的“银河战舰”上，C 罗是最耀眼的明星。不过皇马依然无法撼动巴萨的绝对统治，联赛屈居第二，冠军联赛上也无奈止步八强。

其实，C 罗在皇马的第一个赛季已经征服了伯纳乌球迷，虽然整个赛季四大皆空，没有取得一项集体和个人荣誉，但 C 罗却以难以想象的速度融入了西甲联赛的氛围中。在那个还没有形成固定战术体系的“银河战舰”中，C 罗的发挥难以置信。2010 年 5 月 6 日，皇马客场挑战马洛卡，C 罗上演了他加盟皇马以来的首个帽子戏法，而这也正是他全面征服伯纳乌球迷的讯号。2010 年，“狂人”穆里尼奥入主“银河战舰”，成为皇马新任主帅，这也给皇马带来了福音，佩莱格里尼执教皇马的前一个赛季，“银河战舰”一直在迷雾中前行，找不到未来的方向，

C罗虽然频繁破门，但最终还是颗粒无收。

穆里尼奥带着三冠王的光环驾临伯纳乌，而队长劳尔则远赴沙尔克04，C罗脱下9号战袍穿上7号圣衣，新的一段征程开始了。2010/2011赛季，C罗完全成了伯纳乌之王，甚至可以说是西甲之王。尽管穆氏皇马依然存在很多问题，并在联赛和欧冠中屡败死敌巴萨，但穆里尼奥的体系却激活了C罗，火力全开的葡萄牙人整个赛季攻入了40粒进球，一举打破了前辈乌戈·桑切斯和萨拉保持的西甲单赛季进球纪录。在2010年10月25日和2011年5月8日的两场西甲比赛中，C罗上演大四喜，超越梅西，成为当赛季进球最疯狂的球员。

仅仅一个赛季，C罗就成为皇马球迷顶礼膜拜的偶像，他每一次在伯纳乌球场亮相都会引来山呼海啸般的呐喊。2011年4月21日，西班牙国王杯决赛，C罗在加时赛中头球绝杀死敌巴萨，为伯纳乌捧回了一尊久违的冠军奖杯。从2008年最后一次夺得联赛冠军以来，皇马在三年间一无所获，而这次国王杯夺冠真可谓是久旱逢甘霖。C罗用属于他自己的方式终结了一切质疑，他一次次的帽子戏法和大四喜让皇马球迷如痴如醉。2011/2012赛季，皇马在联赛中强势领航，让巴萨望尘莫及，最终皇马提前两轮夺冠，“银河战舰”再度迎来两项新联赛辉煌。皇马也创造了当赛季的两个纪录：以100分成为西甲历史上单赛季得分最高的球队；以121球成为西甲历史上单赛季进球最多的球队。最功不可没的就是C罗，这121球中C罗一人就打进46球，虽然在射手榜上落后梅西（50球），但葡萄牙人却创造了历史——西甲83年历史上首位单赛季攻破所有球队的射手。

紧接着，2013年也是C罗的一个重要转折点，安切洛蒂接替穆里尼奥成为“银河战舰”新的主帅，而皇马主席弗洛伦蒂诺随即也承诺将会与C罗续约，并且放话C罗会在伯纳乌踢到退役。C罗在皇马的地位变得越发重要，安切洛蒂也为C罗打造阵型，他多次在公开场合表扬C罗，夸C罗必不可少，认为C罗训练刻苦，而且非常敬业。安切洛蒂表示C罗可以自己选择在球场的位置，他不受到任何拘束。穆里尼奥时期的C罗，时常被葡萄牙主帅安排防守任务，穆里尼奥甚至会因为C罗不积极防守而责备C罗，安切洛蒂则彻底解放了C罗，他要求C罗安心进攻。

安切洛蒂还为C罗赋予了更多角色，虽然伊瓜因离队，但是皇马并没有买中锋的念头，他们着力以本泽马为主，起用新人莫拉塔跟赫塞，安切洛蒂尝试让C罗踢中锋。安切洛蒂始终还是站在C罗的角度，尽量让葡萄牙人踢得开心，他说：“无论C罗踢哪，只要他感觉踢得舒服。但是这并不意味着他一定会

改变自己的位置，比赛中他不需要全心全意专注防守。”虽然两年间没能在联赛中取得很好的成绩，但是 2014 年欧冠决赛皇马在 C 罗的带领下为俱乐部创纪录地夺得了第 10 座欧冠奖杯，C 罗无论走到哪里都是那个爱破纪录的斗士。

2015/2016 赛季的西甲皇马盼望的奇迹最终没有发生，还是遗憾屈居亚军，C 罗联赛进球数也没能超过苏亚雷斯。但是不管结果怎样，C 罗在整个赛季的表现已堪称完美，他也完全不需要为此感到沮丧。2015/2016 赛季西甲联赛，C 罗总共出场 36 场，取得了 35 粒进球，在射手榜上仅次于苏亚雷斯，另外，C 罗还送出了 11 次助攻，这一数据在西甲的助攻榜上也能排到第 5 位。皇马 2015/2016 赛季西甲联赛总共打进 110 粒进球，而 C 罗一个人就直接参与了皇马的 46 粒进球。2015/2016 赛季西甲最后一轮，皇马客场以 2 比 0 取胜拉科鲁尼亚，C 罗本场比赛打进的第 2 球也是他在 2015/2016 赛季打进的第 51 粒进球，这也让 C 罗成为欧洲各大联赛历史上，第一个连续 6 个赛季都至少打进 50 球的球员。

皇马在 2015/2016 赛季的欧冠联赛小组赛中，以不败战绩昂首出线。在最后一轮中更是以 8 比 0 狂屠马尔默，虽然本泽马大演“帽子戏法”，但锋芒却被 C 罗的“大四喜”所掩盖。皇马在 16 强赛以总比分 4 比 0 击败罗马；8 强赛面对沃尔夫斯堡，在首回合 0 比 2 客场失利的被动情况下，次回合在主场以 3 比 0 干净利落地击败对手晋级；4 强赛终于遇到强手曼城，凭借次回合对手的一个乌龙球，皇马以 1 比 0 艰险地淘汰“蓝月亮”而晋级决赛。

决赛对手同两年前一样，又是马德里竞技，欧冠之巅再次上演充满了宿命对决的同城德比。面对马竞的复仇，C 罗及时伤愈复出，双方一直战成 1 比 1 平局，进入点球大战。第五轮出场的 C 罗不负众望，点球绝杀，帮助皇马以 5 比 3 胜出，捧得了俱乐部第 11 座欧冠奖杯，再次刷新欧冠捧杯最多次数纪录。

2016 年 9 月 15 日皇家马德里对阵里斯本竞技，C 罗完成皇马生涯第 350 次出场，在这一里程碑时刻，皇马掌门人弗洛伦蒂诺特地向这位葡萄牙巨星赠送了印有 350 的专属球衣。对阵老东家，C 罗发挥出色，用一记任意球破门建功，成为皇马欧冠开门红的功臣。

C 罗在皇马第 350 场比赛中打入个人职业生涯第 550 粒进球。550 进球包括皇马 366 球、曼联 118 球、葡萄牙国家队 65 球和里斯本竞技 5 球。在这 350 场比赛里，皇马取得了 259 胜 50 平 41 负的战绩。

C 罗在 2009 年夏天来到了伯纳乌，转会费达到 8000 万英镑，这在当时打破了世界足坛的转会费纪录。在当时看来，这样的一笔投资非常昂贵，但是 C 罗却用表现回馈着皇马，来到伯纳乌后，C 罗已经帮助球队拿到了两座欧冠冠军，在“银河战舰”夺得队史第 10 座和第 11 座欧冠大耳朵杯的过程中，C 罗都发挥了举足轻重的作用。

NALDO
350
PARTIDOS
AMSTERDAM
GLASGOW

C 罗国度③

葡萄牙之王

C 罗国家队篇

C 罗一直肩负着葡萄牙足球光荣传承的重任，从 2004 年欧洲杯横空出世，到 2006 年世界杯接过黄金一代的火炬，再到 2008 年欧洲杯上确立自己国家队核心领袖的地位，继而在 2010 年世界杯和 2012 年欧洲杯独自带队披荆斩棘，C 罗从来没有忘记过自己的承诺，他要率领葡萄牙队称霸世界。

国脚生涯

葡萄牙传奇的继承者

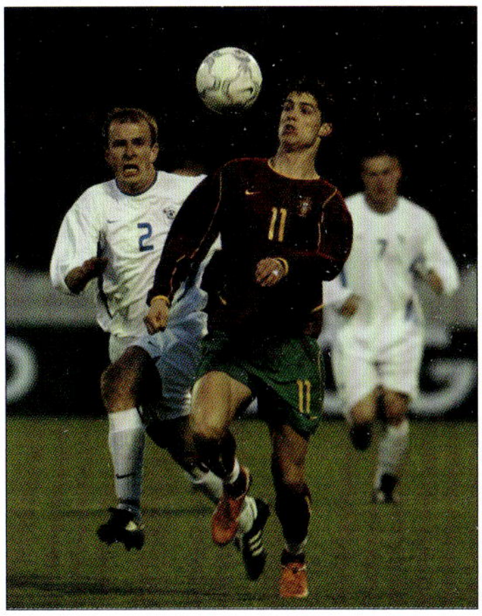

C 罗曾为葡萄牙 17 岁以下（U17）、U18 和 U21 国家队效力。2003 年 8 月 20 日，他在对哈萨克斯坦的友谊赛中首次代表国家队上场。在 2004 年葡萄牙欧锦赛揭幕战中，C 罗为葡萄牙打进唯一一粒进球。在随后进行的半决赛对阵荷兰的比赛中，C 罗的进球帮助葡萄牙淘汰对手，闯入欧锦赛决赛。在决赛中，黑马希腊队一黑到底，凭借下半场的一记头球以 1 比 0 击败东道主葡萄牙队捧走欧洲杯冠军奖杯，于是有了那一幕让人为之心碎的 C 罗仰天痛哭的画面。

虽然 19 岁的 C 罗第一次欧洲杯以一场失败的决赛而告终，但他的技术和速度已经给球迷们留下深刻印象，这帮助他入选了 2004 年欧洲杯最佳阵容。而当 2004 年弗格森明确表示不愿意他在参加完欧洲杯后代表葡萄牙参加奥运会的足球比赛，并且威胁他可能回队打不了主力的时候，C 罗这样表示："考虑到奥运会是一个运动员职业生涯中甚至一生中仅有的一次机会，我以能为葡萄牙奥运队效力而感到自豪，我想参加奥运会。"虽然之后葡萄牙队在奥运会上小组都没有出线就回了家，但是他说，能代表国家队踢球是自己的荣誉，他并不因此后悔。

在 2006 年欧洲杯预选赛中，C 罗以位列射手榜第二的 7 粒进球帮助葡萄牙入围 2006 年德国世界杯决赛圈。在 2006 年世界杯小组赛对阵伊朗的比赛中，队长菲戈将自己制造的点球大度地交给 C 罗主罚，C 罗冷静命中，打入个人第一粒世界杯进球。他最终和队友合作帮助葡萄牙队取得世界杯第四名的成绩。

2007 年 2 月 6 日——C 罗 22 岁生日的第二天，在对阵巴西的友谊赛中，他第一次被任命为葡萄牙队队长。菲戈、鲁伊·科斯塔曾经是葡萄牙队的脊梁，如今接过队长袖标的 C 罗显然代表了葡萄牙足球未来的希望，"少年十五二十时，步行夺得胡马骑"。但 C 罗对自己的未来也很忐忑："我不认为我是天才，如果今天不训练，明天就会退步。我的亲人会帮我把握方向，我才不会迷失自己。"

在俱乐部的上佳表现并没有完全展示 C 罗的才华。在 2008 年欧洲杯预选赛中，

C 罗也有上佳表现，他的 8 粒进球帮助球队如愿闯入决赛圈。2012 年欧洲杯预选赛，葡萄牙队表现不佳，未能直接从小组出线，不过凭借落选赛上的稳定表现，C 罗最终帮助球队入围欧洲杯决赛圈。在最终的小组抽签中，葡萄牙落入被称为死亡之组的 B 组。同组的其他三位对手分别是三届冠军得主德国队、1988 年冠军荷兰队和 1992 年冠军丹麦队。绝对的死亡之组，葡萄牙队的晋级前景不容乐观。

2012 年欧洲杯正赛，C 罗状态正佳，顶着天下第一球星的光环踏上征程，但最终在 1/4 决赛中惜败德国队。四年一轮回，葡萄牙队在诸多国际大赛中表现不佳，已经失去了往日的竞争力，近年来，葡萄牙的确没有涌现出优秀的巨星，当年与 C 罗差不多同时出道的夸雷斯马，还有 C 罗的里斯本小师弟纳尼，都因为各自浮躁自视甚高的性格，无法成长为真正的巨星。所以葡萄牙已经从欧洲一流强队变成二流，甚至三流，他们在世界大赛的预选赛中，能够侥幸获得门票资格，还是要倚重 C 罗的发挥。2016 年欧洲杯，最强大的 C 罗已经整装待发将会带领球队再度为冠军而战。作为当今欧洲球员中身价最高的，C 罗带领葡萄牙队出征欧

洲杯则颇有英雄主义的色彩。C 罗曾经和德劳内杯那么近，但是黄金一代谢幕后，C 罗独擎葡萄牙队进攻的大旗，4 年前壮志未酬，而这一次恐怕也是最后一次向欧洲杯冠军发起冲击了。125 次代表葡萄牙国家队参赛，33 次攻破对方城门，如此骄人的成绩也让克里斯蒂亚诺·罗纳尔多成为国际赛场上的高产射手之一。

C 罗一直肩负着葡萄牙足球光荣传承的重任，从 2004 年欧洲杯横空出世，到 2006 年世界杯接过黄金一代的火炬，再到 2008 年欧洲杯上确立自己国家队核心领袖的地位，继而在 2010 年世界杯、2012 年欧洲杯独自带队披荆斩棘，C 罗从来没有忘记过自己的承诺，2016 年他率领葡萄牙队称霸欧洲，完成了前辈尤西比奥和菲戈这两代传奇巨星所没能完成的任务。

2016 年欧洲杯，如今回想起来还充满离奇冒险，葡萄牙在一路看衰的情况下，跌跌撞撞挺进决赛，最终力克东道主法国，成功捧得欧洲杯。C 罗可谓低开高走，前两场比赛未能进球，然而在关键的小组第三战面对匈牙利时，C 罗 2 射 1 传，王者归来，率葡萄牙以 3 比 3 逼平对手，涉险小组出线。

欧洲杯 1/8 决赛，葡萄牙面对克罗地亚时，C 罗在后场的协防断球策动攻势，随后他的打门也为夸雷斯马顶空门创造良机，助葡萄牙闯入八强。对波兰的点球大战，他第一个主罚并命中，稳定了葡萄牙的军心。

对威尔士的比赛，C 罗在与皇马队友贝尔的对决中取得上风。C 罗用标志性的头球打破僵局，弹跳、滞空能力之强，再度引爆世界！

当越过克罗地亚、波兰、威尔士的“尸首”站上法兰西大球场之后，被全世界报以轻视的葡萄牙将士们相信，这就是他们征服世界的开始。

葡萄牙 1 比 0 击败法国，赢得欧洲杯冠军，C 罗功不可没，虽然因伤下场痛哭流泪，但身为队长的 C 罗还是很快走回场边，即使无法在场上出力，也要在场下有所作为，鼓舞队友，紧张观战，甚至扮演起教练角色。C 罗展示了责任感，他无愧球队的领袖。

3 球、3 次助攻，C 罗几乎以一己之力率队进入决赛，不完美的个人演出并没有为皆大欢喜的最终结局减分。高举德劳内杯的当年男孩，笑容中依旧夹杂着没有被岁月洗刷掉的纯真与动人。

EFA EURO 2016

12 大锐视角

C.Ronaldo 1985—2016

01 吸金天王

当今足坛，有这样一个人，场上霸气，场下帅气；凭借一身卓越球技赢得无数荣誉，成为足球赛场最有价值的球员之一。他，就是来自葡萄牙的天王——克里斯蒂亚诺·罗纳尔多（C罗），人送外号“霸道总裁”。

2016年5月，权威财经杂志《福布斯》公布的数据显示，C罗的2015年收入高达8000万美元，力压梅西，称霸足坛。从曼联到皇马，这13年积累了大量资产。财富网站数据显示，C罗的资本净值(Net Worth)高达3.1亿美元，约合人民币20亿元。

C罗的惊人财富，一是靠俱乐部的薪水，二是靠商业代言收入，三是靠个人产业投资领域的收益。他可谓浑身是宝，丰田、嘉实多、阿联酋航空、耐克、阿玛尼、肯德基、三星、豪雅、可口可乐、实况足球等品牌，都找C罗代言，寸土寸金的C罗，每年都能拿到4000万—5000万美元的代言费。在商业开发领域上，C罗可以笑傲足坛。

在社交网络上，C罗有着一呼百应的号召力。推特（Twitter）粉丝3780万，脸书（Facebook）粉丝超过1亿，随便在Instagram上分享一张照片，点赞破100万轻轻松松，所以，C罗在推特上发一条广告，可以进账23万欧元……2015年6月，瑞典“神塔”伊布发布个人品牌香水，C罗也不甘落后，强势进军香水市场，推出一款供剃须后使用的香水，品牌名为“Legacy”。

2016年5月19日，努比亚宣布C罗正式成为努比亚品牌代言人，C罗为努比亚代言的费用在400万欧元左右，约合人民币3000万元。

C罗年薪2000万欧元，和梅西并列世界第一。作为三座金球奖得主，C罗在足球领域的成就可谓登峰造极。球踢得好，人长得帅，又有智囊团相助，“霸道总裁”的吸金大道可谓顺风顺水、一往无前。

CR7

十 二 大 锐 视 角

02 肌肉达人

无论是展示力量、宣泄激情，还是庆祝进球……C 罗总喜欢脱掉衣服展示一下他的强壮肌肉，特别是他那八块健美腹肌，令无数女球迷为之神魂颠倒，令无数男球迷羡慕嫉妒恨。

拥有如此健硕匀称的完美身材，这是超乎常人的长期苦练的结果。

从一撞就飞的花瓶，到一身肌肉的“筋肉人”，C 罗只有一个秘诀，那就是苦练。

C 罗每天最少要花一个小时进行腰腹肌肉的练习，甚至比赛之前在酒店房间中边看电视边做。在转会皇家马德里之后，这样的疯狂锻炼有增无减，每天要进行仰卧起坐 3000 个。除了在健身房健身外，在马德里集训的酒店房间里，别人伸懒腰休息时，他也总是一边看电视，一边做仰卧起坐。C 罗更会在双脚绑上沙包等重物，接着练习带球。刻苦程度可想而知。

除了展现完美腹部，C 罗还时常展现一下发达健美的大腿肌肉，线条清晰、强壮健硕的大腿肌肉群，令 C 罗拥有极为强劲的力量，使之成为当今足球场上的最佳冲刺选手。运动专家加尔塞斯说：“C 罗的肌肉群聚集于躯干和大腿上，相比同样高度的运动员，他在摆动小腿时会更省力。这是个巨大的优势，这会使得 C 罗在球场上跑得更快，跳得更高。而且在射门时，他不需要发全力，就能给球施加极大的力量。”

03 立像铭传

作为世界足坛天皇巨星，C罗当之无愧地成为家乡马德拉的骄傲，因此马德拉为他竖起了一座雕像。

这座高2.4米、重1.6吨的铜质雕像，还被授予了荣誉勋章。这足以看出家乡人民对他的爱戴。这座雕像被安置在了马德拉岛港口的显要位置，C罗在乡亲们的簇拥下亲自为雕像揭幕，雕像的造型来源于C罗主罚任意球时的站立姿势，俗称“圆规脚”，并对着球门虎视眈眈。

回家为雕像揭幕的C罗非常感慨：“回到家乡让我感到十分荣幸，这里是我长大的地方，能够与家乡人站在一起是一份巨大的荣誉。”

用雕像表达爱意的方式，在体育界其实相当常见。这并不是第一座C罗雕像，4年前在马德里市的一家商场门口，他的赞助商曾经为其竖起过一座高达10米的雕像。相较而言，家乡人的热情更令C罗动容。携爱子衣锦还乡的他放出豪言：“我要赢下所有赛事的冠军。”

04

十二大锐视角

星爸萌娃

虽然比赛繁忙，但C罗还是义无反顾地照顾着爱子的生活，并且无微不至、爱意浓浓，尽显一位好父亲的风范。值得一提的是，C罗给爱子取了跟自己同样的名字，也叫克里斯蒂亚诺·罗纳尔多，因此，未来人们可以直接称呼他为“迷你罗”。

C罗的姐姐凯蒂表示：“这孩子现在很好，我们在克里斯亚诺不在的时候负责照顾他。他也叫克里斯亚诺·罗纳尔多，跟他父亲的名字一样。克里斯蒂亚诺选择了这个名字，我们也都很喜欢。他长得很像他父亲，也像我，他跟我们家人一样有着深色的眼睛。”

C罗曾是千金一掷的情场浪子，也是桀骜不驯的问题先生，但“迷你罗”的出现改变了他的生活，在与爱子相处的日子里，C罗就变成满怀柔情的慈父，眼神中也充满脉脉深情。

C罗在节目中表示过，希望他的儿子也能成为足球运动员。并认为“迷你罗”有当运动员的潜质。

虽然“迷你罗”年纪尚小，但他非常喜欢足球，而这就已经是一项优势了。C罗表示自己家中有很多足球，儿子一直都和足球在一起也很喜欢这样。但C罗不会去强迫儿子成为一名球员，因为这件事得以自然的方式进行，这得由“迷你罗”自己决定。

特别链接：生母之谜

“迷你罗”年满6岁了，但一直和球星爸爸生活在一起，生活中没有母亲的角色。

C罗曾表示儿子现在不需要妈妈，但《每日快报》披露，接受电视节目采访时，他表示儿子也应该知道真相。他说：“人们传言我和这个那个女孩在一起，或者找了代孕妈妈。我从没告诉过任何人，也不会告诉任何人。等他长大后我就会告诉他真相，因为他理应知道真相，因为他是我儿子，但我不会因为人们让我说就揭开谜底。”

2010年C罗在脸书上宣布成为父亲，并且获得了“迷你罗”的独家监护权，和孩子的妈妈达成一致，“她希望身份保密”。“迷你罗”到底多大时C罗会告诉他真相呢？“我不担心这个，他会理解父亲的，我100%肯定。我感觉时机恰当时就告诉他，我不知道是在他10岁、11岁还是12岁时，我们拭目以待吧。”

特别链接：家庭成员

C罗的父亲名叫迪尼斯，是一位郁郁不得志的足球从业者，在马德拉岛丰沙尔一家业余足球俱乐部担任球衣管理员，因为长期酗酒导致肝部罹患严重病变，2006年就不幸辞世，年仅51岁。

C罗的母亲名叫多洛蕾斯，曾经做过厨师、清洁工和工厂工人。这位看似平凡的母亲有着伟大的隐忍与坚持，她把自己看作是女斗士，任何事情都奋斗到底。正是多洛蕾斯20多年来的坚持与付出，才指引C罗不断走向成功。

C罗的家庭成员还包括爱子克里斯蒂亚诺·罗纳尔多·多斯桑托斯，以及哥哥乌戈和姐姐阿维罗·凯蒂。值得一提的是C罗的姐姐阿维罗已进军歌坛，并且发布了首张个人专辑*Boom Sem Parar*，与弟弟C罗一样成为镁光灯下的焦点。

而C罗的哥哥乌戈却一直有着酗酒的习惯，为了避免饱受酒精侵蚀的哥哥重蹈父亲当年过早离世的覆辙，C罗和哥哥打了个赌："如果皇马拿到2014年欧冠联赛冠军，乌戈就答应戒掉这个坏习惯"。结果C罗夺冠，哥哥戒酒，雨过天晴，光风霁月。

通过点滴家事我们不难看出，虽然球场上的C罗给人桀骜不驯的感觉，但面对家人时，他还是细腻呵护，倾注深情。

05

十二大锐视角

封面先生

C罗不仅拥有精湛绝伦的华丽球技，还有一副俊朗英气的面庞，这种实力加偶像的范儿令他成为万众瞩目的焦点，毫无疑问也成为众多杂志的封面首选。除了知名的足球媒体《FourFourTwo杂志》《Fotbol杂志》等之外，C罗同样深受时尚、生活类杂志的青睐。

无论是时尚潮流，还是足球专业，抑或生活八卦……各种杂志都众星拱月地将C罗当作封面人物。C罗不仅被当作品质的体现，还是销量的保证。而且大家知道，有C罗就永远不缺焦点话题，而那些正是球迷喜闻乐见的……在杂志封面上，C罗也往往展示着各种魅力——健硕的身材，时尚的冷峻，足坛的荣耀……这些都是汇成C罗的独特因子。

CR7

LEGACY

06 十二大锐视角

以我为名

2015 年 9 月 10 日，C 罗在马德里一家名为拉美西斯的餐厅举行发布会，宣布将推出个人香水品牌“Legacy”，正式进军香水市场。事实上，这并非 C 罗第一次推出个人品牌。早在 2013 年 10 月，C 罗便联手丹麦 JBS 集团推出了个人内衣品牌“CR7”。为了经营该品牌，C 罗甚至亲自担纲内衣模特，拍摄了一系列宣传照片。凭借着葡萄牙球星的全球影响力和时尚触觉，不久之后，这个内衣品牌便大获成功。

十二大锐视角

07 时尚型男

C罗是一个对品位要求很苛刻的球星。他不允许自己发型有一丝凌乱，更不允许自己像普通人一样生活，他要的就是那种万人膜拜、高高在上的感觉。C罗爱豪宅，这位葡萄牙球星在巴西、荷兰、意大利和西班牙都有房产，总价值超4000万美元。其中马德里的豪宅占地面积4500平方米，有花园、泳池，共30个房间，装修相当奢华。C罗还喜欢豪车，兰博基尼是他的最爱。

在穿戴上，C罗更喜欢Gucci。据说，C罗的衣柜中堆满了Gucci和Versace，香水则只用Givenchy。但无论什么时候拍到场外的C罗，他都是一身Gucci！从外套、腰带、T恤、手袋、鞋子到钱包无一例外。

当然C罗的时尚并非停留在外表的浮华上，他也会潜心读书，2012年欧洲杯上，C罗读起了恐怖大师斯蒂芬·金的作品集《不同的季节》。曾获奥斯卡7项大奖提名的电影《肖申克的救赎》正是改编于此。《肖申克的救赎》中有句经典台词：“每个人都是自己的上帝，如果你都放弃自己了，还有谁会救你……”C罗从来都不会放弃自己，这也许是读书带给他的莫大鼓励。

十二大锐视角

08 亦正亦邪

处于正邪之间的C罗备受争议，爱他的人此情不渝，恨他的人咬牙切齿。

C罗显然不是儒家崇尚的“正人君子”，他会在比赛中假摔、踢踹对手，他在球场外女友无数，甚至还召妓狂欢……但这些却丝毫不影响他在球场上的无限风光。

曾有人说，卡卡是不食人间烟火的王子，而C罗则是亦正亦邪的天使。也许他的滥情和狡黠让很多人难以接受，但我们必须承认，正是这种亦正亦邪的作风让他更显真实。

邪中还有七分正，正中还有三分邪。C罗就是天使和魔鬼的混合体，在正邪之间游走，我们看到的是无比真实、率性而为的一代天王。

09 十二大锐视角

百变发型

C 罗发型百变，但几乎均以短发示人，精致、简约、清爽但别具特色的 CR 发型，与他那霸气张扬的个性相得益彰，为世界球迷所津津乐道。

2012 年欧洲杯，有关 C 罗的发型一直是焦点流行的话题，在小组赛同德国的首场较量中，C 罗上半场的头发斜分得错落有致，狠用发胶。但是半场归来，他居然换了另一个发型，短短的 15 分钟中场休息，C 罗便将头发竖起，下半场以另一种发型示人。

2014 年世界杯，C 罗的新发型又成为焦点。此发型的由来意义重大，C 罗帮助了一位脑部畸形的小患者，这名小患者在手术中头上留下了疤痕，C 罗则在自己的发型上刻下与孩子一样的疤痕以作鼓励，标榜时尚的同时也彰显了他的爱心。

十 二 大 锐 视 角

10 C罗博物馆

对于所有C罗的球迷来说，位于C罗家乡马德拉的C罗博物馆应该是他们最想要朝圣的目的地之一。

博物馆位于C罗葡萄牙的家乡马德拉岛，博物馆在2013年12月正式开馆，拥有400平方米的展区面积，在C罗的私人博物馆里，陈列着他在里斯本竞技、曼联、皇马、葡萄牙效力期间的珍贵物品，例如球衣、战靴、比赛用球、队长袖标等。当然更值得一看的是琳琅满目的奖杯和奖牌：3个英超冠军、1个欧冠冠军、1个世俱杯冠军、1个西甲冠军，还有金球奖奖杯、欧洲金靴奖奖杯。当然还有C罗儿时的照片、艺术作品等。

一件与本尊等大的，身披葡萄牙7号战袍的C罗蜡像矗立在博物馆中心。大理石地板上组成了“CR7 Museum”（C罗博物馆）的字样。

设立一家博物馆的想法最初来自于C罗的哥哥乌戈，因为他在一次拜访C罗在马德里的豪宅后，看到C罗的奖杯到处乱放。C罗不得不买一栋五层楼的建筑来安置这些奖杯，于是C罗博物馆的想法应运而生。在开馆的首个月内，就有超过10000名游客前来参观，门票价格大约为3.95英镑（约合人民币36元）。

BANCO
ESPIRITO SANTO
C. RONALDO
28
6 de AGOSTO de 2003
Sporting Clube de Portugal
CRISTIANO RONALDO
MELHOR JOGADOR DO MUNDO 2008 E 2013
É SÓCIO SPORTING

CR7
VISIT NOW!

SSA A MELHOR DO MUNDO
R TURNED INTO THE BEST IN THE WORLD
SHIELD 2008
2008
2009

CR7

SUÉCIA 2:3 PORTUGAL
CR7
MUSEUM

GOAL
Goal 50

CR7

CR7
MUSEU
www.museucr7.com
www.cr7museum.com

MUSEUM

十二大锐视角

11 招牌动作

C罗2014/2015赛季最常用的动作是助跑起跳后转身落地双手摊开，彰显他霸气恢宏，代表他永不服输的王者气息，特别贴合他的性格，体现了他在球场上舍我其谁无坚不摧的霸气。这也成了C罗的标志性动作，连皇马前主帅安切洛蒂和各个俱乐部的很多球员以及各国球迷都模仿过C罗这一霸气的动作。

除此之外，赛场上C罗的庆祝动作花样繁多，顽皮率真的搞怪庆祝令人印象深刻，但很多人喜欢C罗更多的是他气吞山河的庆祝动作。

滑跪、展翅翱翔和仰天怒吼，C罗喜欢用这些霸气的庆祝动作展现自我，他是一个狂放不羁的斗士，无论何时何地都在淋漓尽致地展现自己。

伸出双手，抓了又抓，这是C罗近两年也常用的经典庆祝动作。在皇马的时候，C罗经常用这个动作庆祝。虽然这样的一个庆祝动作曾被人误解为猥琐的举动，但其实内有玄机。C罗这个庆祝动作是在模仿人称“巴西贾斯汀·比伯”的当红巴西歌星泰洛在演唱会上与歌迷互动的舞姿，因为这一首歌的名字叫《假如我捕获了你》。C罗不但捕获了进球，捕获了胜利，更捕获了球迷的心。

GOOOOL!!!
RONALDO
7
adidas

12

十二大锐视角

罗式灌篮

2016年5月4日，欧冠半决赛次回合，皇马在主场1比0战胜曼城，总比分1比0淘汰对手晋级决赛。稍显平淡的对话中，C罗空中接力“双手扣篮”的小插曲，成为少有的亮点。比赛第64分钟，克罗斯开出左侧角球，贝尔的头槌攻门击中横梁弹出，佩佩得球之后闪展腾挪寻觅出空间，随即送出小弧线传中。无人防守的C罗高高跃起，双手抱住皮球之后朝球门猛扣，上演霸气十足的双手扣篮。

当然，C罗早就知道自己是处于越位位置，他的扣篮表演只是耍着玩。曼城球员纷纷摊手，向裁判投诉C罗，希望主裁能黄牌警告皇马巨星。不过裁判也是善解人意的，C罗在死球的情况下“扣篮”，这无伤大雅。主裁判没有出示黄牌警告，C罗摸着裁判的头，示意自己只是开开玩笑。这次扣篮几乎是C罗全场唯一的亮点，欧足联官网上，也将C罗跃起之后双手扣篮的照片作为全场的精彩瞬间。看看曼城球员的表情，你真能感受到C罗战斧式暴扣的震撼力。

赛后这记“罗式灌篮”纷纷引来网友的各种PS。一时间C罗化身乔丹、NBA扣将、排球队员，等等。C罗在一夜之间瞬间化身为“网红”。

RONALDO
7
ETIHAD
AIRWAYS
RESPECT
20
3
6

Cristiano Ronaldo

C 罗 战 靴 解 码

无论是场上还是场下，都有你喜欢的 7 号的身影，突破自己，成就荣耀。

2009 年 5 月 18 日，“足球天王”C 罗得到美国著名运动品牌耐克的天价合同，每年将获得 600 万镑赞助费，这是足球历史上年收入最高的一份赞助合同。随着 C 罗以创纪录的 9400 万欧元的天价从曼联转会至皇马，C 罗就奠定了耐克球鞋头号代言人的地位。C 罗凭借他的表现加上超高人气坐上耐克足球领域头把交椅当之无愧。

作为耐克足球界的一哥，C 罗的地位无可撼动。而在看待一个球员个人成就的时候，其代言品牌对他个人商业的重视度也是一个不能忽视的考量因素。从 2010 年开始，每一年耐克都会为 C 罗推出一款或者多款个人专属“刺客”系列，特别是为“银河战舰”的“霸道总裁”设计的每一款都别出心裁。这些球鞋中有的是因为 C 罗打破各种纪录以及成为金球先生的限量款。

CR7 NIKE MERCURIAL C罗专属战靴全解析

耐克公司专门为速度型球员推出的一款全新高性能战靴——“刺客”，以其瘦削的鞋型，轻便的重量，独特的大底而著称。穿上“刺客”战靴的球员，在同样10米的距离和同样的时间之内，可以比其他球员多跑出30厘米，几乎能让球员速度达到最大化。

01 NIKE MERCURIAL VAPOR SUPERFLY II SAFARI CR7

第一款C罗专属“刺客”球鞋诞生于2010年10月。耐克众望所归地为这位天之骄子推出了首款个人专属版足球鞋——“刺客”CR7。C罗以惊人的天价年薪从老特拉福德空降伯纳乌，当时C罗和卡卡是弗洛伦蒂诺“复辟”后的王牌组合。而小罗之后耐克也急需一个领袖来重抗足球鞋大旗，于是第一款“雪豹”专属球鞋横空出世。“雪豹”球鞋当时的广告语是“Be Fast, Be Seen”（极速闪耀全场），大胆出位的豹纹设计让这双球鞋引起了不小的轰动。

02 NIKE CR MERCURIAL VAPOR SUPERFLY III

2011年，耐克换汤不换药地发布了第二款C罗专属球鞋。相比于“雪豹”的惊艳，“黑豹”更加内敛低调。而这双鞋也给C罗本人带来了好运，在那一年的西班牙国家德比中C罗穿着该款球鞋打入巴萨一球。

03 NIKE MERCURIAL SUPERFLY CR7 III

C罗的第三款专属球鞋拥有非常醒目的条纹设计，因此在国内鞋迷圈子中该鞋也被称作“斑马”。虽然这个条纹设计叫好不叫座，但是不可否认的是，这款球鞋是C罗专属球鞋系列中辨识度最高的一款。

04 NIKE MERCURIAL VAPOR Ⅷ ACC CR

这款专属球鞋搭载了“刺客”第8代中开始大肆流行的ACC科技。我相信相比于这款球鞋，更多人记住的是充分展现C罗性感的那句广告语：“Love to Win，Hate to Lose.”鞋身上粉色和蓝色的点缀让原本沉闷的黑色显得生动活泼。

05 NIKE MERCURIAL VAPOR Ⅸ CR SE

该款球鞋严格意义上来说，是为了纪念C罗在2011/2012赛季创纪录地打进59粒进球而特别推出的“刺客”第9代。这款限量版Mercurial Vapor IX CR SE球鞋在全球仅仅发售了100双。鞋身上印有巨大的CR7字样，还有一系列C罗在2011/2012赛季打破的各种纪录的数字。

06 NIKE MERCURIAL VAPOR Ⅸ CR

在创纪录限量版球鞋推出仅几周后，又一款C罗专属“刺客”球鞋登场。这款球鞋因为其独特的黄白红配色而被国内鞋迷戏称为“咸鸭蛋黄”。另外，鞋身上还有一个Safari斑点风格的耐克大勾。这样大胆的风格似乎在“雪豹”“黑豹”之后就很难看到。但是话说回来，这个配色的专属球鞋貌似并没有多少关注度。

07 NIKE MERCURIAL VAPOR IX GALAXY

上一款专属球鞋的不温不火，让大家对 Galaxy C 罗专属球鞋充满期待。果然这双球鞋的推出没有辜负粉丝们的期待。这款银河配色在所有“刺客”系列中受欢迎程度排名第二，而鞋迷们对该款球鞋的追逐也从另外一个侧面证实了 C 罗的火爆程度。

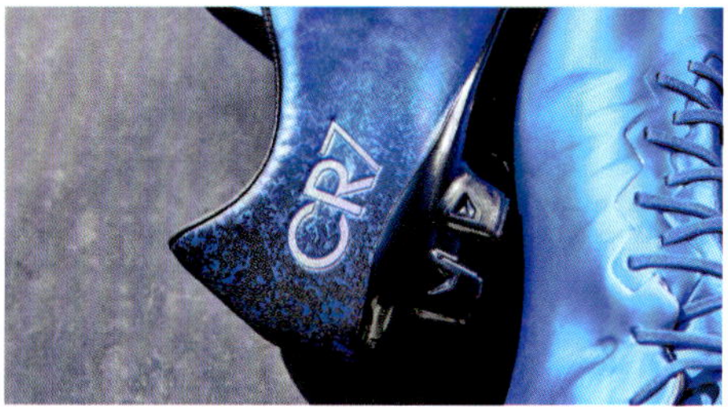

08 NIKE MERCURIAL VAPOR IX CR7 SPECIAL EDITION

经过了数次和梅西的较量后，C 罗终于力压梅西夺得 2013 年度金球奖。领奖的那一刻 C 罗潸然泪下，这几年和最高荣誉的擦肩而过始终是他心里的疙瘩，而当再次获此殊荣之后，耐克也随即推出限量 100 双的金色大底刺客。作为 C 罗加冕金球的特别版球鞋，该款球鞋的纪念意义超过其本身，所以一度被热炒到非常高的价格。

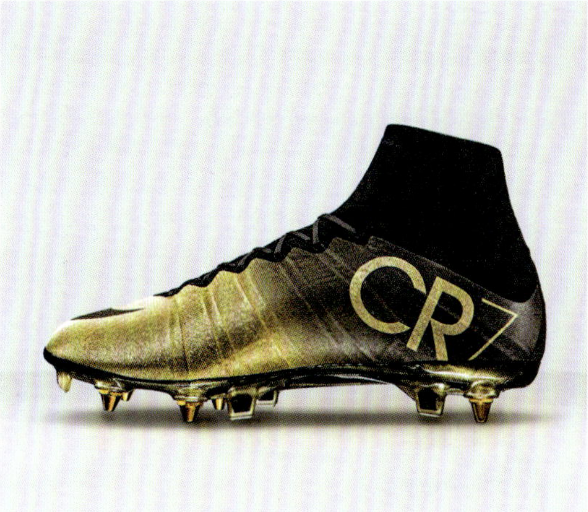

09 NIKE MERCURIAL VAPOR SUPERFLY IV CR7

2014 年耐克推出 C 罗全新专属“刺客”，只要穿上场，这双鞋绝对能引人注目。它是帮助你发挥爆炸性速度的最好武器，它集合了耐克当时的最新科技。仅 185 克的重量加上优化的高速带球面料也非常不错。采用一体化鞋舌设计，增强了球鞋的包裹感，改进的鞋面微颗粒摩擦纹也进一步利于高速盘带。新配色的最大亮点是鞋面布满了 3M 反光的“星点”，“绿松石”配色的大底也格外漂亮，鞋钉也采用了一致的颜色。

10 NIKE MERCURIAL SUPERFLY CR7 FG

为了进一步闪耀球场，耐克又为 C 罗打造了新款“闪银”配色。以“刺客”第 10 代足球鞋的超顶级款 Superfly 作为载体，中帮鞋领和碳纤维大底均采用互相呼应的墨蓝色，耐克商标和“CR7”专属标志则描上了橙边，要知道橙色正是耐克的经典色。而最为特别之处在于银色的鞋面上还镀上了 3M 反光闪粉，营造出繁星悬浮于太空的即视感。

11 NIKE MERCURIAL SUPERFLY CR7 SAVAGE BEAUTY

颇具足球鞋血统的 Nike Free Mercurial Superfly 带来以 C 罗在 Madeira 火山岛艰苦训练为灵感的新色发售。以沉稳的黑色基调注入泼墨装扮，在 Nike Free Mercurial Superfly 鞋型基础上带来全新的精致外观，鞋头的 Swoosh 则以独特渲染方式再现了火山岛的壮丽风景。

12 NIKE MERCURIAL SUPERFLY CR7 RARE GOLD

为庆祝 C 罗星光熠熠的 2014 年及其显赫的成就，耐克推出了一款与众不同的战靴，与 C 罗非凡的运动天赋相得益彰。Mercurial CR7 珍贵黄金战靴专为 C 罗打造，庆祝其第 3 次获得金球奖。这款战靴选用金色作为主色调，因为黄金象征辛勤付出后的回报，鞋身上的 CR7 标志更是采用了手工镶嵌碎钻的设计。

13 NIKE CR MERCURIAL SUPERFLY CR7 324K GOLD

此款足球鞋是为了庆祝C罗以324球的成绩，成为皇马历史上的最佳射手而面世的，这是一个他人难以企及的壮举，而陪伴他完成这一壮举的正是Nike Mercurial系列足球鞋。

14 NIKE MERCURIAL SUPERFLY CR7 NATURAL DIAMOND

这双钻石版“刺客”对于C罗具有非凡的意义，它代表C罗离开家乡，开始了自己的追梦之旅。为了实现自己成为职业球员的梦想，C罗在12岁离开了家乡。他自己也坦言，那是一段非常艰难的时光。C罗表示：“无论在赛场还是训练场上，我都拼尽全力。我深知，天道酬勤。”

在这款鞋的后跟部分，设计师采用了岩石纹理的设计。这些纹理十分明显，代表着C罗刚开始追梦时所遇到的苦难。而在鞋前身的部分，该纹理逐渐消失，代表着C罗战胜了苦难，实现梦想。

15 NIKE MERCURIAL SUPERFLY V

2016年5月28日的圣西罗（梅阿查）球场，C罗带领皇马豪夺俱乐部历史第11座欧冠联赛冠军奖杯，而他最好的武器就是他的全新“刺客”战靴。这款“刺客”鞋头高度更低，更具侵略性；采用全新尼龙大底，比碳纤维还要轻盈40%，并且大胆地使用单层鞋底，可以预见该技术将引领新一波足球鞋的科技革新。

这款球鞋摒弃平面式的鞋面底板，底板与足部轮廓自然贴合，通过减少鞋内移动降低球鞋对足部的压迫，减少能量损失。采用真空成型技术镂空鞋底，比以往的球鞋更轻，并且具有更强的反作用力。鞋面材料使用全新的针织技术，抛弃之前光滑的鞋面设计，加入speed rib 3D纹理。3D编织调整了不同部位的缆线厚度，增强了球鞋与足球间的摩擦力。鞋钉具有更好的抓地力，帮助运动员提高制动速度。在外观设计方面，选择了罕见的鸳鸯配色，鞋的内侧为粉色，外侧为橙红色。

Joma
15
Joma
7

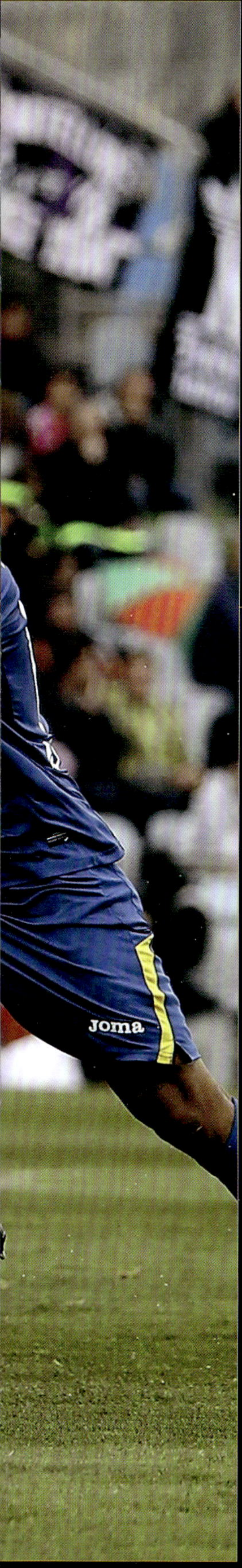

独刺

CR7

CRISTIANO RONALDO REAL MADRID

刺破苍穹的六大杀招

刺客杀招

绝技
神迹

迷幻单车

神鬼莫测的单车过人 壹

刺破苍穹的六大杀招

单车少年，曾经是送给葡萄牙天王的最梦幻的称号，但随着年龄的增大和阅历的丰富，C 罗近几年在比赛中已经很少使用单车过人的绝技。出于对球队战术的迎合，及其对体能的考虑，C 罗的盘带已经简洁了很多，但由于技术全面而出众，他的盘带能力丝毫没有下降。

C 罗的盘带是现役球员中最具观赏性的，街头足球的盛行，和 C 罗有着一定关系，其变向过人的技巧和花哨的风格都属于几十年难遇。C 罗在比赛中时常将拨球、假传、踩球、变向这些动作形成一个组合动作——假传踩球变向，而且力度与左右脚的衔接性都控制得很好，所以在场上 C 罗给对手很大的迷惑性。

C 罗的右脚摆动的频率很快，导致防守球员还没开始移动重心，就会被他轻易地晃过。大多时候当防守球员已经做好架势防守，C 罗还是会合理地选择直接穿裆过人。正是因为 C 罗自身超高的结合球技术，造就了一个无论在任何场地都能翩翩起舞的艺术家。

流星疾电

纵贯足坛的第一飞人 贰

刺破苍穹的六大杀招

C 罗在高速冲刺时的速度可达到惊人的 33.6 公里 / 小时，是当今足坛毫无疑问的第一飞人。值得一提的是，C 罗的带球速度甚至比平跑速度还要快 0.1 公里 / 小时。超强的身体素质，让 C 罗在行进间可以轻松地摆脱对手，肆无忌惮蹚过对手的防线。无论是葡萄牙国家队还是皇马都倡导的闪电反击的打法中，C 罗无疑就是那把最好的利剑。

LFP
adidas
21
Joma
RMCF

刺破苍穹的六大杀招

弯弓怒射之惊世之弧 叁

落叶幽斩

每当C罗站上任意球罚球点时，简单调整，起脚怒射，落叶幽斩，令门将望球兴叹。C罗的助跑不同于任何其他队员，他会先认真地站在球前，然后一步步的往后退，后退的同时丈量罚球的距离。C罗的后退距离往往为五步，然后左脚向左拉开一步，于是就形成了C罗式助跑姿势，这个独一无二的姿势也被一些球迷比喻为圆规式。

与传统的弧线任意球不同，C罗的落叶球下旋弧威力惊人。C罗得天独厚的身体条件，令他能打出绕过人墙后急速下坠的任意球。用瞬间冲力将球抽过人墙，同时皮球在空中形成强大的压力差，球体承受强烈下压力，从而能迅速下坠到球门高度。

球速快，是C罗任意球制胜的关键。2009/2010赛季对阵比利亚雷亚尔，他一脚抽射时速高达101.5公里，被称作“战斧式巡航导弹”。欧冠小组赛对阵马赛时，他轰入一脚时速为102.7公里的任意球。对阵苏黎世他又再接再厉，将时速提高到了103公里。

通常的任意球高手，都是用脚弓搓出弧线打角度，但C罗不同，他的任

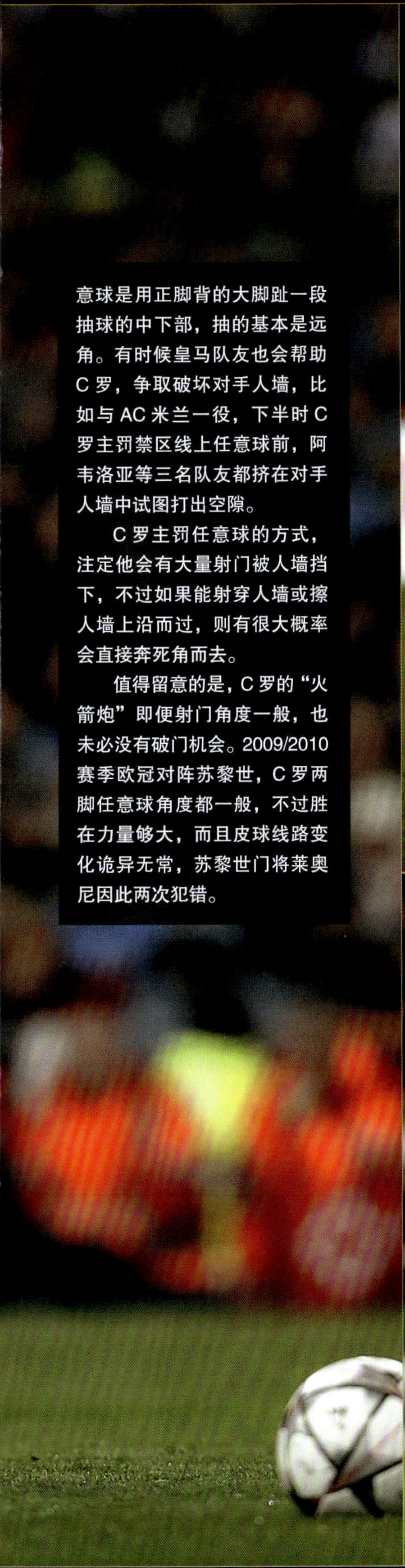

意球是用正脚背的大脚趾一段抽球的中下部，抽的基本是远角。有时候皇马队友也会帮助C罗，争取破坏对手人墙，比如与AC米兰一役，下半时C罗主罚禁区线上任意球前，阿韦洛亚等三名队友都挤在对手人墙中试图打出空隙。

C罗主罚任意球的方式，注定他会有大量射门被人墙挡下，不过如果能射穿人墙或擦人墙上沿而过，则有很大概率会直接奔死角而去。

值得留意的是，C罗的“火箭炮”即便射门角度一般，也未必没有破门机会。2009/2010赛季欧冠对阵苏黎世，C罗两脚任意球角度都一般，不过胜在力量够大，而且皮球线路变化诡异无常，苏黎世门将莱奥尼因此两次犯错。

刺破苍穹的六大杀招

盘旋天空的重轰炸机 肆

头槌轰炸

C 罗 1.85 米的身高，在高空球的处理上自成一派，起跳、在空中停顿、压倒盯防他的球员、扭动脑袋轰破对方球门，这是一个美妙的破门过程，是一种视觉上的享受。头球攻门，往往能令对方门将鞭长莫及，救无可救。他总能依靠头球取得进球。

《马卡报》曾给 C 罗送上了“CR7 空中航班”的称号。C 罗的原地起跳能力极强，他除了双脚射门能力出众，头球能力也很出众，他不需要提前抢位置，因为他弹跳力十足，能轻松压倒对手。由于弹跳力惊人，他能停在空中，扭头攻门。他的头球霸气十足，极具爆发力，他是力压群雄的头球专家。

RONALDO
7
20

变形金刚

冠绝足坛的超强天赋 伍

刺破苍穹的六大杀招

全世界最权威的体育媒体《体育画报》，根据力量、速度、耐力以及灵活性四项标准进行评选，选出2016年世界上最健壮的50名运动员，其中四位来自足坛，分别是C罗、伊布、坎特以及拉莫斯，C罗排在50强的第六位，是此份榜单中排名最高的足球运动员。

C罗奉行的是自然界的最强法则，皇马巨星足球上的成功建立在身体素质的提高与足球才情的升华之上。

C罗称得上是球员的进化"物种"，他在足球能力上的提高与他在身体素质上的提高几乎保持同步。每天，C罗都在健身房和训练场上苦练，身体的强大是其目前取得成功的关键因素之一。

每逢胜利时刻，C罗便会脱掉球衣，向全世界展示自己一身强壮的肌肉。事实上，正是这样的肌肉，让C罗成为目前足球界最全面、最强大的球员。

在里斯本竞技和曼联效力时，C罗吸引人们注意依靠的是他控球和射门的技术，身材远称不上健硕。渐渐地，C罗在提升自己足球技术的同时，也开始注重打造自己的体型，在身体里注入了力量的因子。

adidas
Fly
Emirates

盖世神射

没有死角的射手之王 陆

刺破苍穹的六大杀招

C 罗堪称全能杀手，禁区杀伤力非凡，门前抢点嗅觉敏锐，把握机会能力超强，处理单刀球更加从容，摆脱对手制造空间的能力几乎无人匹敌……

C 罗精通各种射术，无论是势大力沉的远射，还是幽灵一闪的抢点，抑或是气贯长虹的头槌……C 罗都能驾轻就熟，完成得无比精湛。

C 罗在任何位置都能启动射门，并一击毙命。可以说，进入半场区域后，只要 C 罗敢于尝试，他一定可以有十足的把握来完成远航制导。射速快，力量足，远射威力惊人，左右脚能力均衡，几乎不存在射门盲区。2009 年欧冠淘汰赛面对波尔图，C 罗 40 米外惊世远射洞穿对手大门就是最好的证明。

不仅如此，C 罗还是一个非常出色的抢点专家，在门前的嗅觉十分灵敏，门前快速插上包抄破门也是他拿手的绝技。不管在曼联还是在皇马，C 罗能够屡次在比赛中上演快速包抄后的铲射、捅射以及各种匪夷所思的破门。他的射术已入化境，几无死角。

Fly
Emirates

Cristiano
RONALDO
数据酷

4
四夺欧洲金靴

C罗曾分别在2007/2008赛季、2010/2011赛季、2013/2014赛季以及2014/2015赛季荣膺欧洲金靴奖，是获得该项荣耀次数最多的球员。

5
五子登科

2014/2015赛季西甲第29轮，皇马主场迎战格拉纳达，皇马以9比1狂胜。C罗上半场8分钟之内戴帽，下半场梅开二度，单场疯狂独中5球。

9
入选最佳阵容

C罗9次入选欧足联年度最佳阵容，这一纪录无人能及。

31
英超进球纪录

在2007/2008赛季，C罗38轮联赛攻入31球，成为英超金靴单赛季进球纪录保持者。

31
通杀欧冠

在欧冠联赛中，C罗在面对31支不同的球队时，都取得了进球，通杀对手，在这项数据统计上是当之无愧的第一。

59
葡萄牙进球纪录

C罗是葡萄牙队历史上最佳射手，在13年国脚生涯，133场国家队赛事中打入59球。远远超越了前辈保莱塔所保持的47球的纪录。

5
欧冠联赛戴帽王

2016年4月13日，欧冠1/4决赛次回合，皇马3比0沃尔夫斯堡，C罗打入3粒进球，完成帽子戏法，这是他在欧冠当中的第5次帽子戏法，这也让他追平了梅西，并列成为在欧冠中上演帽子戏法次数最多的人。

15
欧冠 1/4 决赛进球最多

2016年4月13日，欧冠1/4决赛次回合，皇马3比0沃尔夫斯堡，本场比赛打进3球之后，让C罗追平迪斯蒂法诺，并列成为在欧冠1/4决赛中进球最多的球员，他总共打进了15粒进球。

17
欧冠对德国球队进球最多

2016年4月13日，欧冠1/4决赛次回合，皇马3比0沃尔夫斯堡，本场比赛打进3球之后，C罗在面对德国俱乐部时已经打进了17粒进球，成为德国球队第一杀手。

32
西甲戴帽王

2016年11月19日，迎来新赛季首回合马德里德比，C罗的帽子戏法帮助皇马客场3比0完胜马竞，终结连续3个赛季联赛对阵“床单军团”不胜的尴尬。这也是C罗在西甲上演的第32次帽子戏法，比梅西多了6次，C罗成为当之无愧的“帽子王”。

90
欧冠射手王

2016年3月9日，欧冠1/8决赛次回合，皇马2比0罗马，打入1粒进球，至此C罗欧冠总进球达到90球，远超梅西的82球和劳尔的71球。

142
皇马总进球第二

2016年3月6日，西甲第28轮，皇马7比1塞尔塔，C罗在主场完成大四喜，打入142个联赛进球，超越141球的劳尔，位列俱乐部历史第二位。

228
最快 250 球

2016年3月6日，西甲第28轮，皇马7比1塞尔塔，C罗在主场完成大四喜，他西甲生涯打进250球，也成为西甲史上最快达成250球的球员，只用了228场，此前250球的场次纪录是萨拉（269场），值得一提的是梅西用了289场。

27
欧冠助攻王

2016年3月9日，欧冠1/8决赛次回合，皇马2比0罗马，助攻J罗进球，这是C罗欧冠第27次助攻，排名现役球员首位。

2021
续约皇马

2016年11月6日，皇家马德里俱乐部发布官方公告，宣布与C罗续约至2021年。C罗的税后年薪约为2360万欧元，也就是他5年将可以拿到1.18亿欧元。这也意味着C罗将成为世界上年薪最高的足球运动员。目前，C罗已在皇马效力超过7个赛季，并在360场比赛中为球队打入371球，是球队的历史最佳射手。C罗帮助皇马赢得了2个欧冠冠军、1个西甲冠军、1个国王杯冠军、2个欧洲超级杯冠军和1个世俱杯冠军。

4
斯蒂法诺奖

2016年11月7日，《马卡报》公布了2015/2016赛季西甲各项最佳评奖结果，并且举行了盛大的颁奖典礼。C罗得到了迪·斯蒂法诺奖，这一奖项是《马卡报》的赛季MVP奖项，同时也是C罗第四次被《马卡报》选为赛季最佳球员。

CRISTIANO RONALDO

C罗档案

英文名：Cristiano Ronaldo
中文名：克里斯蒂亚诺·罗纳尔多
昵　称：C 罗、CR7
国　籍：葡萄牙
俱乐部：皇家马德里
位　置：前锋 / 边锋
出生日期：1985 年 2 月 5 日
出生地：丰沙尔
身　高：1.85 米 / 体　重：80 公斤
星　座：水瓶座 / 惯用脚：右脚
国家队号码：7/ 俱乐部号码：7
初次入选国家队：2003 年

效力俱乐部历史：
1992—1995　圣安东尼奥队
1995—1997　国民体育队
1997—2002　里斯本竞技青年队
2002—2003　里斯本竞技队
2003—2009　曼联队
2009 年至今　皇家马德里队

效力国家队历史：
2001—2002　葡萄牙 U17
2002—2003　葡萄牙 U21
2003 年至今　葡萄牙

C 罗职业生涯俱乐部数据（所有数据统计截止到 2016 年 11 月 20 日）

球队	赛季	国内联赛		国内杯赛		联赛杯		欧洲赛事		其他赛事	
		出场	进球	出场	进球	出场	进球	出场	进球	出场	进球
里斯本竞技	2002/2003	25	3	3	2	—		3	0	—	
曼联	2003/2004	29	4	5	2	1	0	5	0	—	
	2004/2005	33	5	7	4	2	0	8	0	—	
	2005/2006	33	9	2	0	4	2	8	1	—	
	2006/2007	34	17	7	3	1	0	11	3	—	
	2007/2008	34	31	3	3	0	0	11	8	1	0
	2008/2009	33	18	2	1	4	2	12	4	2	1
皇家马德里	2009/2010	29	26	0	0	—		6	7	—	
	2010/2011	34	40	8	7	—		12	6	—	
	2011/2012	38	46	5	3	—		10	10	2	1
	2012/2013	34	34	7	7	—		12	12	2	2
	2013/2014	30	31	6	3	—		11	17	—	
	2014/2015	35	48	2	1	—		12	10	5	2
	2015/2016	36	35	0	0	—		12	16	—	
	2016/2017	9	8			—		4	2	—	
	总 计	**466**	**355**	**57**	**36**	**12**	**4**	**137**	**96**	**12**	**6**